O FASCISMO EM CAMISAS VERDES
do integralismo ao neointegralismo

LEANDRO PEREIRA GONÇALVES | ODILON CALDEIRA NETO

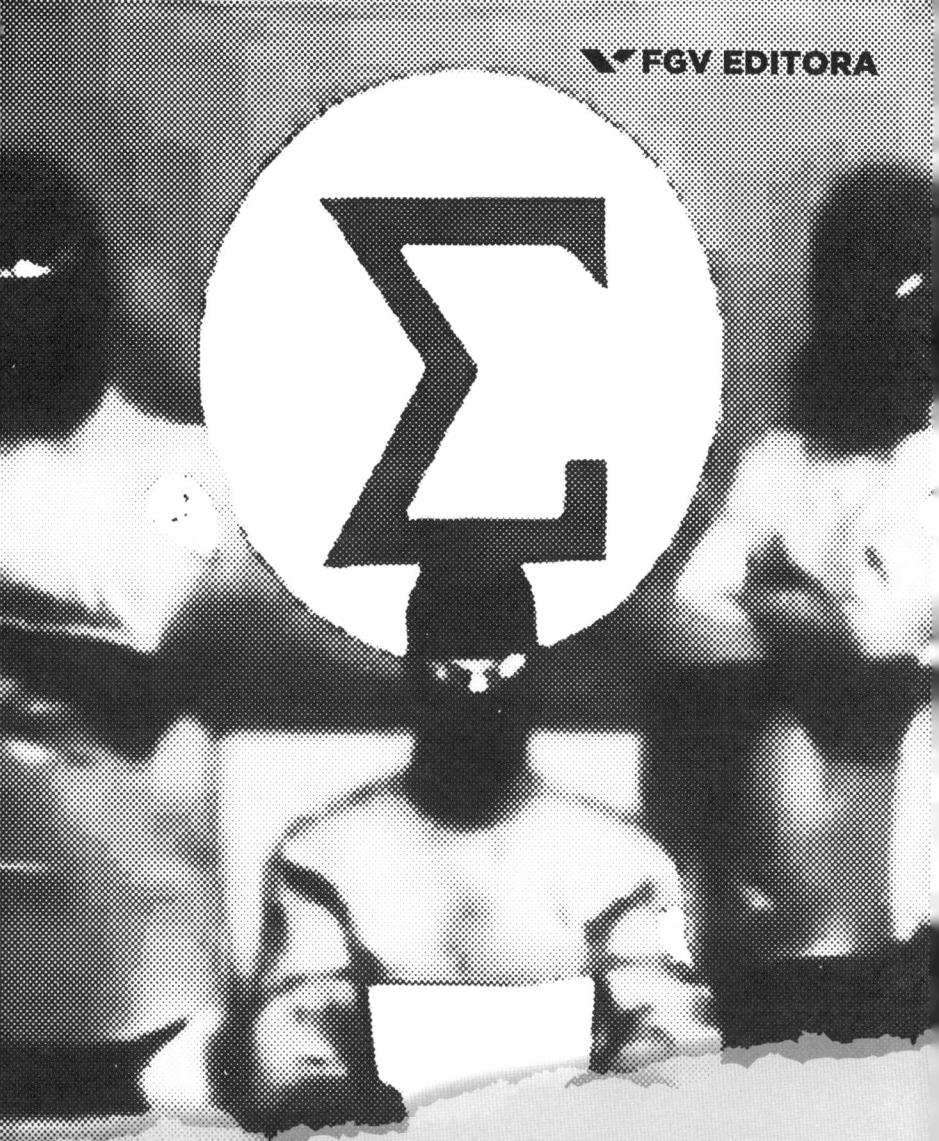

O FASCISMO EM CAMISAS VERDES
do integralismo ao neointegralismo

Copyright © 2020 Leandro Pereira Gonçalves e Odilon Caldeira Neto

Direitos desta edição reservados à
FGV Editora
Rua Jornalista Orlando Dantas, 37
22231-010 | Rio de Janeiro, RJ | Brasil
Tels.: 0800-021-7777 | 21-3799-4427
Fax: 21-3799-4430
editora@fgv.br | pedidoseditora@fgv.br
www.fgv.br/editora

Impresso no Brasil / *Printed in Brazil*

Todos os direitos reservados. A reprodução não autorizada desta publicação, no todo ou em parte, constitui violação do copyright (Lei nº 9.610/98).

Os conceitos emitidos neste livro são de inteira responsabilidade dos autores.

1ª edição: 2020; 1ª reimpressão: 2021; 2ª reimpressão: 2022; 3ª reimpressão: 2023.

COPIDESQUE: Ronald Polito
REVISÃO: Michele Mitie Sudoh e Gaia Revisão Textual
PROJETO GRÁFICO DE MIOLO E DIAGRAMAÇÃO: Abreu's System
CAPA: Estúdio 513

Dados internacionais de Catalogação na Publicação
Ficha catalográfica elaborada pelo Sistema de Bibliotecas/FGV

Gonçalves, Leandro Pereira
    O fascismo em camisas verdes: do integralismo ao neointegralismo / Leandro Pereira Gonçalves e Odilon Caldeira Neto. – Rio de Janeiro: FGV Editora, 2020.
    208 p. : il..

    Inclui bibliografia.
    ISBN: 978-65-5652-016-2

    1. Fascismo – Brasil. 2. Integralismo – Brasil. 3. Ação Integralista Brasileira (Partido político). 4. Salgado, Plínio, 1895-1975. I. Caldeira Neto, Odilon. II. Fundação Getulio Vargas. III. Título.

                                                    CDD – 320.5330981

Elaborada por Amanda Maria Medeiros López Ares – CRB-7/1652

Sumário

Prefácio 7
Octavio Guedes

1. A formação do *Sigma*: a Ação Integralista Brasileira 9
Plínio Salgado, a Itália fascista e a formação do integralismo 9
Formação e princípios da Ação Integralista Brasileira 13
Três líderes e alguns inimigos 20
Expansão e crescimento 25
Família integralista 29
Protocolos e rituais 35
Publicidade e propaganda verde 42
Oposição e conflito: a revoada das galinhas verdes 48
O apoio ao Golpe do Estado Novo 56
Levante integralista de 1938 e a tentativa de assassinato de
    Getúlio Vargas 61

2. O integralismo entre a democracia e a ditadura 67
O integralismo na clandestinidade 67
O retorno de Plínio Salgado e a formação do PRP 77
Plínio Salgado e o PRP: construção fascista democrática 80
Para presidente do Brasil: Plínio Salgado — as eleições de 1955 89
Alianças e a simbologia integralista no parlamento 95
Ditadura, morte de Plínio Salgado e fim do integralismo 106

3. A morte de Plínio Salgado e a origem do neointegralismo 115
O adeus ao chefe 115
A Associação Brasileira de Estudos Plínio Salgado 118
A Cruzada de Renovação Nacional 120
Entre AIB e ABC e a transição democrática: qual o caminho a seguir? ... 123

A Casa Plínio Salgado e a permanência integralista 127
Neointegralismo e os partidos: do PAN ao PAI 130
Ação Integralista Brasileira: o retorno 133
Uma nova batalha da praça da Sé? 137
A AIB e os *skinheads* 139
AIB, neonazismo e o afastamento de Anésio 141
O Centro Cultural Plínio Salgado 147
Centro de Estudos e Debates Integralistas: o integralismo para o século XXI? 149

4. O neointegralismo do século XXI: das redes sociais à violência política 155

Os neointegralistas rumo ao século XXI 155
O I Congresso do século XXI, a formação
(e o fracasso) do MIB 157
Ação Integralista Revolucionária: a *revolução* de um homem só 163
Movimento Integralista e Linearista Brasileiro 167
Frente Integralista Brasileira 171
O neointegralismo e o Prona 177
As manifestações e a queda de Dilma Rousseff 180
Os neointegralistas e a escalada autoritária: da Accale ao PRTB 187
O segundo turno: bolsonarismo e violência política 191
Do governo Bolsonaro ao ataque à produtora Porta dos Fundos 193

Referências **201**

Prefácio

Brasil, década de 1980 em diante — tóóóóóóiiiiiinnnnnn... Toca o sinal escolar anunciando a substituição: sai matemática, entra história. Lição do dia: integralismo.

Para a geração que testemunhou a agonia lenta e gradual da ditadura, e as que já nasceram respirando ares democráticos, estudar a versão brasileira do fascismo era, tão somente, o exercício de visitar o passado que não volta mais. Ao lado do nazismo, o integralismo constituía um tema tão sombrio, que na imaginação de jovens estudantes seria impossível vê-lo ressuscitado. A franzina fotografia de Plínio Salgado corroborava a falsa impressão. A rarefação de seus traços lembrava aquelas figuras rupestres, presas para sempre nas cavernas do passado.

Natal de 2019 — tóin —, toca o alarme do celular com a atualização do plantão de notícias. O fato: uma bomba explode na sede da produtora Porta dos Fundos. O atentado é reivindicado por um grupo neointegralista, pessoas autodenominadas cidadãos de bem e defensores do que entendem ser Deus, pátria e família.

Mas como assim? Quem abriu meu livro de história? Como esses seres fugiram da caverna?

A obra dos notáveis historiadores Leandro Pereira Gonçalves e Odilon Caldeira Neto é a prova de que a história não está presa no passado, inerte nos livros, ou esquecida nas cavernas. Gostemos ou não de alguns capítulos, ela é viva, uma metamorfose ambulante.

Quanto mais os autores falam do passado — e aqui abro um parêntese: que capacidade de transformar um tema árido numa leitura agradável —, mais o leitor tem a sensação de estar interpretando o presente. A ambição da extrema direita em controlar o Ministério da

Educação para doutrinar novas gerações, a estratégia de ocupar ruas para mostrar força, o tratamento de messias incontestável dispensado ao líder político... Tudo tão velho e, ao mesmo tempo, tão atual.

A conflituosa relação entre o integralismo e a política partidária, ou melhor, a eterna "velha política", é um desses temas com bilhete de viagem sem data. Passeia pelo tempo. A certidão de nascimento do movimento, o chamado *Manifesto de outubro*, traz críticas aos partidos políticos e elogios à autoridade. No entanto, é por intermédio da política partidária que integralistas ficam mais próximos do poder e de suas regalias. Assim, o discurso do "acabou a mamata" (sim, ele já existia) é posto à prova. O genro de Plínio Salgado, o deputado Loureiro Júnior, se aproveitou da uma lei federal que permitia a parlamentares importar automóveis de luxo sem pagar impostos. Ele adquiriu um Cadillac, o revendeu e embolsou o lucro. O gesto recebeu muitas críticas, e o desfecho você conhecerá já, já. Apenas uma pista: por mais moralista que seja o discurso, o "filé-mignon" sempre é reservado aos familiares.

A obra nos ensina que, ao vestir a camisa verde, o fascismo produziu suas jabuticabas. É curioso saber que a extrema direita implicou com o Papai Noel e não foi por conta dos trajes vermelhos, portanto, comunistas. Paro por aqui para não dar *spoiler*.

É a partir da redemocratização que o livro de Leandro e Odilon ganha ainda mais valor ao documentar a trajetória do neointegralismo, um enredo ainda pouco conhecido e ao qual as instituições democráticas não dão a devida importância, apesar de seu potencial explosivo. Da aliança com os *skinheads* ao flerte com o neonazismo, a extrema direita vai ganhando desenvoltura até voltar a arreganhar seus dentes a partir da eleição de Jair Bolsonaro.

A obra que você tem em mãos, portanto, não é apenas um livro de história, e sim um belo trabalho de investigação, um manual para se entender o Brasil de hoje.

Octavio Guedes
Jornalista e comentarista da GloboNews

1

A formação do *Sigma*: a Ação Integralista Brasileira

Plínio Salgado, a Itália fascista e a formação do integralismo

1930. Palácio Venezia, Roma. Numa tarde de verão, às 18h do dia 14 de junho, após passar o dia conhecendo a capital italiana, Plínio Salgado, futuro líder dos camisas-verdes, se viu diante de Benito Mussolini, o grande chefe dos fascistas italianos. Com muita empolgação, dizia estar frente a frente com o gênio criador da política do futuro, o profeta do mundo contemporâneo.

Plínio, um homem franzino de 35 anos, filho de um coronel e farmacêutico com uma professora primária, nasceu na cidade de São Bento do Sapucaí, interior de São Paulo, no dia 22 de janeiro de 1895. Autodidata, jornalista e escritor, estava seduzido com o que via. Afirmava estar diante de um homem de estatura regular, olhos azuis, gestos seguros e voz firme, movimentos que pareciam exprimir uma verdadeira concepção de vida.

Durante os 15 minutos de euforia da comitiva formada por outros intelectuais brasileiros, que conseguiram um espaço na agenda do líder italiano após intermediação de jornalistas no Ministério do Exterior, Plínio Salgado consolidou sua idealização para a formação do integralismo, o maior movimento de extrema direita da história do Brasil. Salgado e Mussolini estavam face a face em um encontro marcado por elogios mútuos. O italiano recebeu a comitiva brasileira, que deixava explícito o grandioso espetáculo estruturado na Itália. Foi um momento de cumplicidade e apoio do *Duce*, que aconselhou o brasileiro a criar um movimento preliminar de ideias, pautando a sociedade em uma nova consciência, para, posteriormente, formar um partido político.

Plínio Salgado retribuiu o conselho e, a partir de então, uma relação de apoio passou a ser construída. O encontro promoveu um efeito profundo no brasileiro, que acreditou com veemência que era realmente a versão nacional daquele que tanto admirava na Itália, gerando assim um planejamento para atingir esse objetivo. O encontro com Mussolini teve grande importância, pois, a partir dessa aproximação, foi possível consolidar elementos políticos e intelectuais que estavam em formação nas décadas anteriores.

Enquanto o Brasil passava por transformações durante a Revolução de 1930, Plínio Salgado, que havia feito um acordo para dirigir a propaganda da chapa Júlio Prestes-Vital Soares, que disputava o pleito contra a Aliança Liberal de Getúlio Vargas, deixou o Brasil para uma viagem de quase quatro meses no Velho Mundo. No meio desse processo eleitoral, Plínio Salgado recebeu o convite de um amigo para acompanhar o cunhado, Joaquim Carlos, o Calu, que tinha passado por uma triste experiência amorosa, a uma viagem à Europa.

Para Plínio Salgado, essa era uma viagem muito cara, que só aconteceu por existir um bom mecenas: o banqueiro paulista Alfredo Egídio de Sousa Aranha, ascendente da primeira viscondessa de Campinas, primo do ministro de Getúlio Vargas, Osvaldo de Sousa Aranha, e fundador do Banco Central de Crédito (que após algumas fusões no decorrer do século XX passou a ser chamado de Banco Itaú).

Além de ser o financiador, foi o grande incentivador de Plínio Salgado em suas aventuras políticas. A viagem custou aproximadamente mil libras esterlinas. Plínio visitou diversos países: Egito, Palestina Turquia, Grécia, Itália, Bélgica, Holanda, Suíça, Dinamarca, Espanha, Portugal, Inglaterra, vários países do Oriente Médio e, claro, o destino principal, a Itália dos camisas-negras.

Desde jovem, Plínio Salgado sempre se envolveu em atividades jornalísticas, colocando-se na rota intelectual, passando em pouco tempo a circular nos meios daqueles que agitaram o Brasil no movimento modernista. Aliás, foi devido a um grupo surgido nos anos 1920, o verde-amarelismo, que Plínio Salgado solidificou elementos para a formação de uma ação política. Encontrou no grupo uma ideia de nacionalismo, assim como no Anta, grupo que representava a radicalização do pensamento, curiosamente denominado por ele como ala esquerda do movimento.

Plínio sempre teve uma relação social de grande força no meio intelectual. Um dos nomes que constantemente figuravam ao seu lado era o escritor Ribeiro Couto, autor do famoso romance *Cabocla*, que foi adaptado posteriormente para duas telenovelas da Rede Globo. Enquanto Plínio estava em excursão pela Europa, Couto, que foi detentor da cadeira de número 26 na Academia Brasileira de Letras (ABL), recebeu uma correspondência do amigo expressando emoção e fascínio com a política italiana. Afirmava estar admirado com a Itália, que exalava entusiasmos nas ruas, e pensava em algo semelhante para o Brasil, com a formação de um povo que soubesse colocar os interesses da pátria acima dos interesses de classes.

A versão brasileira do Mussolini seria, certamente, o próprio Plínio Salgado, que se autodenominava gênio, dando aos intelectuais um papel de destaque nesse novo Brasil: "É preciso que nós, intelectuais, tomemos conta do Brasil. Definitivamente. Temos de romper com a tradição medíocre da política. Estamos fartos de vivermos, nós, intelectuais, à sombra dos poderosos. Queremos mandar."

Havia, portanto, um apelo à participação dos intelectuais na política, obviamente, sobretudo daqueles que fossem conectados com seu projeto nacionalista. A sedução em torno do regime fascista e a crítica à democracia — que era associada ao liberalismo e ao comunismo — foram elementos que o moveram nessa euforia em torno da política italiana.

Apesar de sua admiração pela política italiana e sua clara influência sobre ele, Plínio buscava colocar-se em posição de destaque no cenário político brasileiro. Seu objetivo era ser uma espécie de marco zero, por isso dizia não ter sido inspirado pelo fascismo, pois possuía ideias formadas. Para ele, era um grande erro pensar que alguém o influenciou. Gostava de discursar que tinha um pensamento próprio, original e sem relação com qualquer outro político ou escritor. Entretanto, o que se viu foi o contrário.

Há diversos indícios das relações entre Plínio, o integralismo brasileiro e outras organizações conservadoras e fascistas. Um deles foi o Integralismo Lusitano, movimento conservador inspirado na *Action Française* — uma das precursoras do conservadorismo organizado. Ambos se inspiravam no modelo de organização social proposto pelo papa Leão XIII, por meio da encíclica de 1891, a *Rerum novarum*.

O fascismo italiano foi o elemento sedutor para o líder integralista, e os militantes sabiam disso. Era justamente a imagem fascista que carregava multidões para formar as fileiras do integralismo. Um dos mais destacados militantes, Roland Corbisier, não tinha dúvidas: "Claro que era fascismo!"

O sucesso conquistado por Plínio Salgado na década de 1920, ao se inserir no movimento cultural, principalmente com o lançamento de romances, como *O estrangeiro*, que foi muito bem recebido pela crítica — a primeira edição esgotou-se em 20 dias —, o colocou em uma posição de liderança de um grupo social que tinha sede pelo poder. Plínio Salgado apresentava-se como um homem moderno. Ao propor uma nova política, buscava romper as tradições da velha política com um discurso autoritário, antiliberal, antidemocrático, anticomunista, baseado em uma estrutura nacionalista e na concepção cristã radical e conservadora. Esses elementos foram potencializados quando viu a prática desse modelo na Itália, identificando caminhos para um novo Brasil.

A relação entre Plínio e Mussolini foi mantida nos anos seguintes, principalmente por meio de acordos financeiros entre o governo fascista italiano e o movimento integralista. Periodicamente, Mussolini lhe enviava dinheiro, pois enxergava no movimento brasileiro uma possibilidade de expansão política e doutrinária nas Américas. O ministro das Relações Exteriores da Itália, Galeazzo Ciano, genro de Mussolini, foi responsável pelo envio de 40 contos por mês destinados diretamente a Salgado. Em momentos mais estratégicos, o valor era ainda maior.

Plínio Salgado retornou ao Brasil e desembarcou no dia 4 de outubro de 1930, um dia antes do movimento que derrubou o presidente Washington Luís e impediu a posse de Júlio Prestes, presidente eleito e antigo aliado de Plínio Salgado. O evento que resultou na chegada de Getúlio Vargas ao poder ocorreu após uma série de conflitos, em que Vargas liderou diversos grupos descontentes com o governo oligárquico da Primeira República. Nesse momento, Plínio, que continuava a apoiar Júlio Prestes, retornou ao Brasil. Após a viagem, estava muito ansioso para colocar em prática suas concepções teóricas.

Formação e princípios da Ação Integralista Brasileira

Plínio Salgado logo iniciou um projeto intelectual, o jornal *A Razão*, que tinha como mecenas o banqueiro Alfredo Egídio de Sousa Aranha. A partir do periódico, passou a debater e cristalizar elementos para a formação de um novo grupo, a Sociedade de Estudos Políticos (SEP), que pode ser caracterizado como o primórdio do integralismo.

A criação da SEP buscava organizar um grupo que pudesse discutir um novo movimento político, tendo como princípio um forte nacionalismo conservador e revolucionário, seguindo assim a proposta de Mussolini. A SEP foi resultado de vários outros movimentos que existiram no Brasil em anos anteriores, grupos que podem ser denominados como pré-integralistas ou protofascistas.

Essas organizações, que caracterizam a ascensão da direita na década de 1930, possuíam vários movimentos de inspiração fascista: Ação Social Brasileira (Partido Nacional Fascista), Legião Cearense do Trabalho, Partido Nacional Sindicalista e o movimento neomonárquico Ação Imperial Patrianovista Brasileira. Nesse momento, o nome de Plínio Salgado estava consolidado como um intelectual conservador.

O local escolhido por Plínio Salgado para debater a política brasileira, passando a ser a sede da SEP, era localizado no centro de São Paulo, no vale do Anhangabaú, esquina da avenida São João com a avenida Prestes Maia. Em um grandioso prédio, onde aconteciam bailes e diversas atividades culturais, funcionava o Clube Português de São Paulo, que tinha como objetivo transmitir a cultura lusitana na capital paulista. Além de bibliotecas, salões festivos e esportivos, havia um salão de armas.

No dia 6 de maio de 1932, ocorreu a terceira reunião da Sociedade. Nela, Plínio Salgado sugeriu a criação de um novo grupo, com vistas a ampliar as atividades. Composto por muitos intelectuais, nem todos concordaram com a ideia. Cândido Motta Filho, por exemplo, parceiro de Plínio no verde-amarelismo, não aceitava a criação de uma entidade política. Ainda assim, com o apoio de intelectuais e estudantes da Faculdade de Direito de São Paulo, a proposta de Plínio Salgado teve aprovação da maioria dos membros da SEP, consolidando a formalização da Ação Integralista Brasileira (AIB).

Apesar de datar do mês de maio, o movimento ficou conhecido nacionalmente em outubro. Devido à Revolução Constitucionalista iniciada em 9 de julho, Plínio Salgado e os demais membros, por prudência ou cálculo político, adiaram o lançamento para um momento mais oportuno. O confronto de São Paulo com o governo federal terminou no dia 2 de outubro, e cinco dias depois a AIB era oficialmente lançada.

No dia 7 de outubro, com muita ansiedade e expectativa, Plínio Salgado se dirigiu ao Teatro Municipal de São Paulo e, com o apoio de grande parte da intelectualidade nacionalista e admiradora do fascismo, fez a leitura do *Manifesto de outubro*, documento redigido por ele, após calorosos debates nas reuniões da SEP, e que definia as diretrizes ideológicas do movimento. Com ampla repercussão, o *Manifesto* foi publicado com uma tiragem de 20 mil exemplares e distribuído na capital paulista e em várias regiões do Brasil.

Composto por dez capítulos, o documento é a certidão de nascimento do integralismo brasileiro. No *Manifesto*, os integralistas faziam elogios à autoridade, críticas aos partidos políticos e defendiam o princípio da autoridade. Ademais, denunciavam uma conspiração contra o Brasil e propunham um programa social para defender a família conservadora, bem como um Estado de tipo fascista, o Estado Integral.

A ligação religiosa passava a ser um dos principais sustentáculos do movimento integralista. O lema "Deus, pátria e família" se encaixava perfeitamente nos princípios da doutrina, conforme expresso no *Manifesto*: Deus (que dirige o destino dos povos), pátria (nosso lar) e família (início e fim de tudo). O documento foi aberto com a expressão "Deus dirige o destino dos povos", o que deixava clara a importância da questão religiosa e espiritualista no discurso e no imaginário integralista, assim como o caráter messiânico estabelecido no movimento em torno da imagem de Plínio Salgado, visto como um profeta. Ele dizia: "Dizem que eu sou profeta. Não sou profeta. Sou um homem que raciocina. Eu digo 'vai acontecer isto', e acontece isso mesmo. Há lógica."

Seguindo os modelos fascistas, a organização integralista atribuía a posição de chefe nacional a Plínio Salgado. Com a função de orientar, doutrinar e executar, possuía a direção total e indivisível do movimento, tornando o seu poder centralizado, total e permanente. Um aspecto que caracteriza muito bem a natureza de seu poder é a função de ser inatingível, perpétuo e com uma fidelidade ilimitada. Essa valorização teve como consequência o culto da sua personalidade, que caminhava entre um chefe político e um chefe religioso.

A AIB alcançou uma visibilidade até então não vista no Brasil, tanto é que pode ser considerado o movimento fascista com maior sucesso na América Latina. Esse crescimento ocorreu após uma intensa campanha com um simbolismo muito bem preparado. Não era um *fascio*, nem uma suástica. A representação simbólica do integralismo era a letra grega sigma — Σ —, um símbolo matemático que indica o projeto de um Estado único e integral e a soma dos números infinitamente pequenos — analogia com os membros da AIB.

Todo integralista deveria usar os uniformes obrigatoriamente de produção nacional. As camisas verdes eram de brim ou de algodão, a gravata era de tecido preto e liso. Com um gorro verde de duas pontas, o integralista usava calças brancas ou pretas, e na zona rural a cor cáqui era permitida. As mulheres, chamadas de blusas-verdes, usavam a mesma camisa e saia preta ou branca. Essa simbologia fascinava o militante.

Militantes integralistas

Fonte: Arquivo Público Histórico de Rio Claro — Fundo Plínio Salgado.

A camisa era identificada como um símbolo sagrado. Caso algum integralista vestisse a camisa para consumir álcool, dançar, jogar, ou mesmo apresentá-la em desalinho, seria punido com uma falta disciplinar grave. Em hipótese alguma a camisa verde seria uma fantasia de carnaval. Era proibição máxima. Se um membro fosse preso, esse integralista deveria pedir licença para retirar sua camisa, salvo no caso de prisão política, quando deveria ostentá-la com orgulho. A camisa verde era um elemento moralizador, assim como aquele que a vestisse. O uniforme era entendido como um elemento de supressão de qualquer diferença, agrupando todos os membros num bloco ordenado e integral.

Rui Arruda, que viveu o período de consolidação da AIB e foi um dos membros da SEP, estando sempre ao lado de Plínio Salgado, dizia que a simbologia era muito importante para o movimento, como a própria camisa verde, que forçava a agregação. Olympio Mourão Filho, dirigente da milícia integralista, tinha opinião contrária e questionava com frequência a necessidade da simbologia, que acabava sendo mais visível do que a doutrina. Entretanto, Plínio Salgado era categórico e dizia que acabar com a simbologia representaria o fim do integralismo, pois identificava que era esse o elemento de motivação da população, vista por ele como ignorante e sem condição alguma de compreender a doutrina, mas que, no entanto, tinha orgulho em vestir a camisa verde.

Justamente por isso, a AIB valorizava essa ação simbólica. Com o uniforme muito bem colocado, o integralista tremulava uma bandeira com as cores azul e branco. O azul simboliza a atitude integralista, indica que o movimento não tem limites políticos. O branco sugere pureza de sentimentos, sendo a mistura de todas as cores, simboliza o objetivo, a união integral do país.

E, claro, o *Anauê!* A saudação integralista que em tupi significa "Você é meu parente" era utilizada como caracterização do movimento, além de forma de respeito às categorias hierarquizadas dentro do integralismo. É uma palavra afetiva. Dessa forma, o integralismo era estabelecido como a grande família dos camisas-verdes e um movimento nacionalista de sentido heroico. É a exclamação da saudação integralista. Serve ainda para exaltar, afirmar, consagrar e manifestar alegria. Era pronunciada com voz natural, quando individual, e com voz clara e decidida, quando coletiva. Plínio Salgado, como chefe máximo, era saudado com três *Anauês!* O gesto com o braço direito estendido, erguido bruscamente pela frente até a posição vertical, era considerado uma expressão do ideal nacionalista.

Havia uma preocupação com o simbolismo. Nos primeiros momentos, diversos intelectuais, representantes da extrema direita, em várias regiões do Brasil, passaram a atuar no movimento devido ao forte apelo nacionalista. Além do grupo paulista, em Minas Gerais havia Olbiano de Melo, um nome de grande importância para a AIB. Em Pernambuco, destaca-se a militância de Jeová Mota e do padre

Helder Câmara, que atuou mais tarde no campo progressista como defensor dos direitos humanos durante a ditadura civil-militar.

Com a proposta de formação de um grande movimento nacional, a AIB montou sua sede em São Paulo, na avenida Brigadeiro Luís Antônio, número 12, e se expandiu por todas as regiões do Brasil. Houve um impacto, inclusive no exterior, com núcleos organizados em Montevidéu, Buenos Aires, Filadélfia, Genebra, Zurique, Porto, Berlim, Varsóvia e Roma. Além de atividades em Nova Orleans, Washington, Paris, Tóquio, Santiago do Chile, Las Palmas e Lisboa. Havia a defesa de um nacionalismo baseado no conservadorismo. Para a implementação de uma estrutura autoritária, defendiam uma sociedade forte e organizada.

O integralismo se apresentava como algo novo em uma sociedade intolerante que vivia com medo. Embalada no ritmo dos movimentos fascistas e conservadores europeus, com apoio na encíclica papal do Leão XIII, a AIB assumiu um caráter espiritualista de harmonização social, de negação da luta de classes, denunciando que o liberalismo e o comunismo possuíam duas faces da mesma moeda: o materialismo. Seguindo o modelo clássico do fascismo, Plínio Salgado afirmava que o plano das duas correntes era a dominação dos governos e do Estado com o objetivo de controlar economicamente os povos.

A principal motivação que ocasionou a adesão de muitos integralistas, sem dúvida, foi o anticomunismo intensificado pelo pânico criado no Brasil. Muitos brasileiros passaram a militar na AIB durante a enorme onda contra o "perigo vermelho". Após os acontecimentos de 1935, quando ocorreu uma tentativa revolucionária desencadeada pela Aliança Nacional Libertadora (ANL) e pelo Partido Comunista Brasileiro (PCB), de Luís Carlos Prestes e Olga Benário, o perigo comunista passou a fazer parte ainda mais do imaginário social dos brasileiros. Para as elites e os setores da classe média, o espectro do comunismo rondava o Brasil.

Intensificadas pela imprensa, que aumentou o tom, as ações dos revolucionários foram tratadas por vários jornais, como *O Estado de S. Paulo*, como uma ação de violência, destruição e barbárie.

"O comunismo infernal! Fogo nele!", dizia o *Jornal do Brasil* de 1936. O próprio Plínio Salgado, em jornais ligados ao integralismo, aumentou o discurso, em muitos momentos para criar tumultos, que serviriam de pretexto para um golpe autoritário.

Com esse clima de insegurança, os integralistas conseguiam aumentar ainda mais o financiamento do movimento. Grupos de prestígio econômico viam no comunismo um perigo real e concediam quantias consideráveis à AIB para ajudar no combate ao comunismo. Jeová Mota, o único integralista eleito em 1933 para compor a Assembleia Nacional Constituinte, dizia que o integralismo não teria alcançado amplitude se não fosse pelas camadas médias, que apoiaram e militaram arduamente contra aquilo que caracterizava como demoníaco.

A relação religião e política sempre foi uma característica presente no integralismo. A eleição de Jeová Mota marcou a entrada da AIB na política, mesmo sem ser um partido, visto que foi criada inicialmente como uma associação civil. Alceu Amoroso Lima, a mais importante liderança leiga do catolicismo brasileiro e secretário-geral da Liga Eleitoral Católica (LEC), associação criada para mobilizar o eleitorado católico a fim de que apoiasse os candidatos comprometidos com a doutrina social da Igreja, apoiou os candidatos integralistas, levando Jeová Mota à vitória.

Apesar da sólida relação com o catolicismo, o integralismo não estava ligado a uma religião específica. A maior parte dos militantes era católica, mas havia um grupo muito forte de protestantes e espíritas. Os protestantes camisas-verdes eram muito ativos, com representação e liderança. O luterano Dario de Bittencourt, por exemplo, alcançou a posição de chefe provincial do Rio Grande do Sul, enquanto o metodista Oscar Machado foi o pioneiro do movimento na cidade mineira de Juiz de Fora.

Jayme Ferreira da Silva, um militante de destaque no movimento, dizia que o comunismo não admite a existência de Deus nem do espírito; consequentemente, não aceita a continuação da vida após a morte, nem sua existência antes do nascimento, e, por isso, o espiritismo kardecista deveria ser integralista. A AIB mantinha uma noção particular de vida *post mortem*, pois, segundo o movimento, ninguém morria. Quando um camisa-verde perdia a vida pela causa, era transferido para a milícia do além para ser comandado por Deus.

O catolicismo foi o principal braço religioso dos integralistas. Membros do clero católico tinham grandes proximidades com eles. Conhecidos como batinas-verdes, havia ativos militantes, como o cônego Tomaz de Aquino, os padres Leopoldo Aires e Ponciano Stenzel dos Santos, além do arcebispo de Porto Alegre, dom João Becker, e o então presbítero do Ceará, dom Helder Câmara. Eram nomes que evidenciavam uma íntima relação dos setores da Igreja com a AIB.

O anticomunismo proporcionou o ecumenismo integralista, gerando unidade religiosa no movimento. "Esse integralismo é formidável. Você, espírita convicto, e eu, sacerdote católico, e nos entendemos bem, não é? É chegado o momento de se unirem todos os que gloriam o nome de Deus", exclamou dom Helder ao líder espírita na AIB, Jayme Ferreira da Silva.

Com os leigos a relação era muito próxima. Além de apoiar a AIB na LEC, Alceu Amoroso Lima demonstrava constantemente a importância do integralismo para o Brasil. Devido às pressões internas da Igreja Católica, principalmente de dom Duarte Leopoldo e Silva, que foi o primeiro arcebispo de São Paulo, a filiação não aconteceu, apesar de sua enorme admiração pela AIB e, principalmente, por Plínio Salgado.

Três líderes e alguns inimigos

Entre o fim de 1932 e o início de 1933, o movimento contou com a adesão das que viriam a ser as mais importantes lideranças, além de Plínio Salgado: Gustavo Barroso e Miguel Reale, que juntos formariam a tríade chefia integralista. Três líderes e alguns inimigos: além do comunismo, o capitalismo internacional, o judaísmo e a maçonaria. Os textos de Reale e Salgado atacavam o capitalismo e o comunismo internacional, enquanto os livros de Barroso tinham como temática central o antissemitismo.

Plínio Salgado

Fonte: Acervo AIB/PRP-Delfos/PUCRS.

Miguel Reale

Fonte: Acervo AIB/PRP-Delfos/PUCRS.

Gustavo Barroso

Fonte: Acervo AIB/PRP-Delfos/PUCRS.

Gustavo Barroso passou a ser o segundo grande nome do movimento. Era um intelectual consolidado e de uma geração anterior à de Plínio Salgado. Nascido em Fortaleza no ano de 1888, foi presidente da ABL e fundador do Museu Histórico Nacional. Com um lugar de destaque na literatura brasileira, Barroso apresentava nos escritos folclóricos elementos da nacionalidade e contribuiu para a entrada no Brasil de diversos romances, com suas traduções e discussões sobre a nação.

No integralismo foi nomeado comandante-geral das milícias e membro do Conselho Superior. Escreveu cerca de 70 livros, sendo muitos deles com o propósito de abordar o antijudaísmo. Ele atribui o contato e o aprofundamento com o tema ao próprio círculo social integralista, como Madeira de Freitas — chefe da AIB na Guanabara e redator-chefe do mais importante jornal integralista, *A Offensiva* —, que emprestou para Barroso uma edição em francês de *Os protocolos dos sábios de Sião*, base fundamental da literatura antissemita.

O panfleto antissemita, encomendado pelo czar Nicolau II à polícia secreta, apresentava uma trama em que os judeus eram culpados de todos os males da modernidade. Depois de ler e interpretar o livro, procurou Plínio Salgado. Após uma longa conversa, despertou a necessidade de aprofundamento sobre o antissemitismo e decidiu traduzir o texto para o português. Em 1936, lançou a edição nacional de uma obra falsa, responsável por disseminar pelo mundo a teoria do complô judaico de dominação mundial.

Devido à grande aceitação nos círculos autoritários e conservadores, a obra traduzida transformou Gustavo Barroso na principal representação do antissemitismo brasileiro. Acusava os judeus de terem influenciado negativamente o Brasil desde a sua independência, em especial no âmbito econômico, relacionando para isso a situação precária nacional dos anos de 1930 com um passado de dívidas e empréstimos contraídos com banqueiros judeus.

Em sintonia com o contexto global, Barroso recebeu apoio de vários militantes, que comparavam seu livro *Maçonaria, judaísmo e comunismo* com a produção do empresário norte-americano Henry Ford, que escreveu em 1920 o livro *O judeu internacional*. Ford desenvolvia um discurso contra o papel dos negros na cultura e na sociedade. Repudiava o *jazz* e atribuía essa mudança aos judeus. No Brasil, o discurso racista de Barroso não poderia ser contra o negro e muito menos em defesa de uma raça pura, por isso uma adaptação foi realizada em torno da defesa de uma raça brasileira.

Com um caráter político eleitoral, o integralismo possuía uma visão idealizada e paternalista do indígena, por isso permitiu a presença de militantes negros. Sem menções ao passado escravocrata, os integralistas discursavam sobre a miscigenação em defesa do valor do trabalho negro na construção nacional. A AIB possuía uma relação muito próxima com a Frente Negra Brasileira (FNB), movimento fundado por intelectuais negros de São Paulo que reuniu milhares de militantes em vários estados brasileiros. Defensora de um forte nacionalismo e de uma rígida organização hierárquica, a FNB possuía diversos elementos de convergência com os integralistas.

Militante do Núcleo Integralista do Engenho Novo (RJ)

Fonte: Arquivo Público do Estado do Rio de Janeiro.

Muitos militantes negros participaram da AIB e alguns chegaram ao posto de lideranças regionais. Dario de Bittencourt (primeiro chefe provincial da AIB no Rio Grande do Sul), Alberto Guerreiro Ramos, Abdias do Nascimento, Ironides Rodrigues e Sebastião Rodrigues Alves são alguns nomes que figuraram no movimento. Sem dúvida, historicamente, a principal representação ocorreu em 1933: "Estive com os integralistas e fui recebido como um superchefe, com as mesmas regalias dadas aos oficiais e marechais", dizia João Cândido, o Almirante Negro, líder da Revolta da Chibata de 1910. Ele contava que havia sido abordado pessoalmente por Plínio Salgado, pelo qual passou a nutrir admiração e respeito após a filiação na AIB.

O terceiro nome na hierarquia integralista tinha outra percepção em relação ao racismo. Com uma formação estruturada nos teóricos do fascismo italiano e com maior proximidade a Salgado, o jovem advogado Miguel Reale, conterrâneo de Plínio, nasceu em São Bento do Sapucaí em 1910 e tinha a responsabilidade pela doutrina do movimento e pela organização da juventude integralista, sendo considerado um dos principais ideólogos. Após a AIB, tornou-se referência na área jurídica e é considerado o pai do Novo Código Civil Brasileiro de 2003, por ter sido a ele confiada a elaboração da nova codificação. A reflexão jurídico-política de Miguel Reale foi imprescindível ao movimento integralista devido à sua meditação sobre os problemas brasileiros em suas especificidades.

Mesmo existindo uma força intelectual no integralismo, o pensamento não era único, e os três possuíam suas particularidades, principalmente em relação às perspectivas e diretrizes para o Brasil. O que os unia, sem dúvida, era o conservadorismo e a atuação política. Os três líderes formaram grupos e seguidores. Obviamente, a força de Plínio Salgado sobressaía em relação aos outros, e essa disputa interna gerou diversos episódios de tensão. No auge do integralismo, Gustavo Barroso iniciou algumas críticas — sutis — aos discursos de Plínio Salgado, com o objetivo de fragilizar a imagem do líder.

Em um evento, após discursar, Plínio surpreendeu o público presente dizendo que renunciava à chefia do integralismo. Foi uma grande confusão. Badernas, gritos, ameaças de violências, choros. Todos ficaram estarrecidos. O chefe foi para os bastidores. Logo em seguida, Gustavo Barroso, com olhos marejados de lágrimas, se retratou, mas o clima não era ameno. Certa rivalidade entre os dois era pública e notória, tanto que a imprensa chegou a noticiar em vários jornais uma possível condenação a fuzilamento de Gustavo Barroso pelo chefe nacional. Esse fato foi desmentido por Plínio Salgado, que culpou os jornais, vendidos a Moscou, de estarem no Brasil para pregar a discórdia.

Constantemente Plínio precisava demonstrar sua força e autoridade perante o movimento. As três tendências foram indispensáveis para a formação do integralismo. Com Plínio Salgado, um cristianismo social, para Gustavo Barroso, a linha antissemita, e para Miguel Reale, uma estrutura mais social, política e econômica.

Expansão e crescimento

Após a fundação oficial, passou-se à fase de expansão da AIB. O integralismo era divulgado tanto por meios mais restritos, como cartas e telegramas, quanto por notas e notícias em jornais de diversas localidades, atingindo um público mais amplo. Com Miguel Reale, ocorreu em São Paulo o primeiro desfile da AIB em 23 de abril de 1933. O terceiro nome do movimento era candidato nas eleições para a Assembleia Constituinte. Mesmo não sendo vitorioso, o desfile contou com a participação de cerca de 40 militantes trajados com as tradicionais camisas verdes.

As concentrações de rua passaram a ser uma marca do integralismo. Em todas as regiões do Brasil, homens, mulheres e crianças ocupavam as ruas com a intenção de mostrar a força do movimento. Algumas foram, de fato, impressionantes. Em junho de 1935, em Blumenau (SC), durante um congresso, foi possível ver uma multidão na rua XV de Novembro em demonstração de força para o governo.

Encontro da Ação Integralista Brasileira em Blumenau (SC)

Fonte: Acervo AIB/PRP-Delfos/PUCRS.

As atividades públicas eram de grande importância para o crescimento do integralismo. Outra estratégia de divulgação e alistamento de novos membros foram as bandeiras integralistas, viagens feitas pelos líderes Salgado, Barroso e Reale a diversas regiões do país como forma de divulgação do integralismo. As bandeiras que rumaram ao Norte e ao Nordeste do Brasil foram lideradas por Gustavo Barroso, sendo bem recebido por conta da sua popularidade. Ele usava o prestígio de presidente da ABL e, com uma camisa verde bem alinhada e com postura elevada, discursava e angariava militantes para o movimento.

Com o crescimento da AIB, era preciso oficializar o movimento. Numa manhã de fevereiro de 1934, na estação Mauá, no Rio de Janeiro, integralistas ocuparam dois vagões, que estavam enfeitados com bandeiras do *Sigma*. O destino do "trem-verde" era a cidade de Vitória, capital do Espírito Santo. No dia 28 de fevereiro, o grupo foi calorosamente recepcionado pelos capixabas, que preparavam a cidade para sediar o Primeiro Congresso Nacional da AIB. Os principais líderes presentes — Plínio Salgado, Madeira de Freitas, Jeová Mota,

Olbiano de Melo e Miguel Reale — foram recebidos por Arnaldo Magalhães, chefe integralista local. Entoando o hino nacional, gritando palavras de ordem e desfilando com suas camisas verdes pela cidade, integralistas se preparavam para oficializar o regimento que daria direcionamento às atividades da AIB. No dia seguinte, no Teatro Carlos Gomes, região central de Vitória, camisas-verdes ocupavam o espaço quando, às 21h, Plínio Salgado passou em revista e foi saudado com vibrantes *Anauês!*

Os integralistas se reuniram em Vitória em momento de exaltação, recebendo o líder supremo da AIB, que oficializou o início dos trabalhos. No Primeiro Congresso Nacional da AIB, foram aprovados os estatutos do movimento, os quais definiam o caráter da AIB como uma associação nacional de direito privado, com sede civil na cidade de São Paulo e sede política na cidade onde se encontrar o chefe nacional.

A AIB, entre os anos de 1933 e 1934, obteve um aumento significativo em seu contingente, passando de 24 mil para 160 mil membros, segundo dados oficiais. Mas, afinal, quantos militantes integralistas existiram no Brasil nos anos 1930? 500 mil? 1 milhão? No fim da vida, Plínio Salgado foi questionado sobre quantos integralistas chegaram a existir nos anos 1930, e sem titubear afirmou: "1 milhão!" Repetia os números oferecidos pela Secretaria de Propaganda da AIB. Em 1946, confidenciou ao seu genro, Loureiro Júnior, a dificuldade de contabilizar o número de militantes, mas que certamente nunca passaram de 200 mil filiados.

Ainda que tais dados possam ser questionáveis, são inegáveis o alcance e a amplitude do integralismo em diversas localidades do país e sua importância e atuação na vida política brasileira, tornando-se um dos principais movimentos políticos do país. A AIB possuía uma estrutura burocrática muito bem organizada, que contava com órgãos consultivos que buscavam auxiliar o chefe, Plínio Salgado. A Câmara dos Quarenta era um órgão formado por "personalidades de alto valor intelectual". O Conselho Supremo possuía um papel de gabinete, composto pelos secretários nacionais, enquanto a Câmara dos Quatrocentos era composta por militantes das diversas regiões do Brasil e seria o órgão corporativo após a vitória e consolidação do Estado Integral.

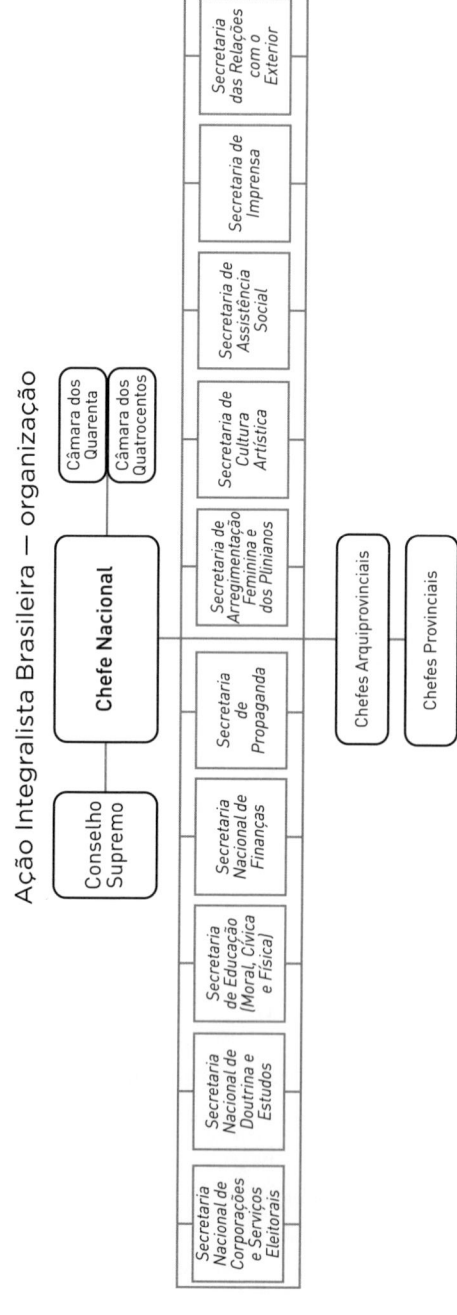

Fonte: *Integralismo: o fascismo brasileiro na década de 30* (Hélgio Trindade, 1979).

Em meio ao crescimento político, a busca pelo poder foi mais bem estruturada em 7 de março de 1935, quando integralistas invadiram a cidade imperial para a realização do Segundo Congresso Nacional da AIB.

Petrópolis era palco de rivalidades e polarizações. Em 9 de junho de 1935, quando militantes da ANL, uma frente de esquerda que possuía apoio do PCB, preparavam-se para um comício, alguns aliancistas foram duramente reprimidos por militantes integralistas durante a afixação de cartazes anunciando o comício. Esse comício estava agendado para as 16h na D. Pedro II, principal praça do centro da cidade. Cerca de 5 mil aliancistas participaram do evento. Após o término do ato, saíram em passeata pelas ruas da cidade e, ao chegar à frente da sede do núcleo integralista, Roberto Sisson, representante aliancista, discursou ao público.

Os integralistas reagiram. Em seguida, foram disparados tiros contra a multidão, ferindo várias pessoas e matando o operário Leonardo Candu, de 29 anos. No dia seguinte, uma greve foi iniciada. Com ampla repercussão no município, o funeral de Candu se transformou em protesto contra os integralistas, e a polarização foi ainda mais intensificada. No Congresso Integralista de Petrópolis, ocorreu oficialmente a alteração jurídica do movimento, transformado em partido político. A estrutura organizacional da AIB foi estipulada, e a máquina partidária, preparada. Em 1936, foi eleito um número expressivo de vereadores, prefeitos e deputados estaduais adeptos da AIB.

Família integralista

Em razão da força e do impacto que a AIB exercia na sociedade brasileira, ela se utilizou de um grande maquinário ideológico voltado à conquista de novos integrantes e à doutrinação.

A dentista Aurora Wagner, residente em Porto Alegre, professora da Faculdade de Odontologia, era tão entusiasmada com o integralismo que, sempre que podia, dava suas aulas com o uniforme verde, expressando sua crença no movimento. Ela foi uma das milhares de mulheres que enxergaram no integralismo uma possibilidade de ter voz em uma política majoritariamente masculina. A participação das mulheres era em torno de um tom patriarcal, com funções e limites bem definidos.

Muitas mulheres aderiam ao integralismo após serem levadas pelos maridos. Algumas tinham um histórico familiar no movimento. Carmela Salgado, a segunda esposa de Plínio, possuía uma representação de destaque na organização feminina, assim como a única filha do líder da AIB, Maria Virgília Salgado, que adotou o nome Maria Amélia Salgado em homenagem à sua mãe, morta em 1919 no momento do seu parto.

O esporte era considerado pelo movimento uma ferramenta fundamental para o desenvolvimento sadio do corpo e do intelecto; assim, os meninos eram estimulados, desde cedo, a praticar exercícios militares, realizados por meio de jogos, competições e acampamentos. Inclusive em muitos núcleos havia a formação de equipes, como em Porto Alegre, onde havia a equipe de futebol Bolão Futurista. As meninas, por serem consideradas frágeis e menos capazes fisicamente, eram levadas apenas às práticas mais amenas, como alongamentos e exercícios mais leves.

Equipe de futebol integralista "Bolão Futurista"
(Porto Alegre, RS)

Fonte: Acervo AIB/PRP-Delfos/PUCRS.

Atletas integralistas

Fonte: Acervo AIB/PRP-Delfos/PUCRS.

Plínio Salgado dizia que o trabalho feminino fora do lar e a busca desvairada da satisfação dos desejos materiais eram responsáveis pela destruição da família. É nesse sentido que até mesmo as profissões tidas como permitidas às mulheres na estrutura interna integralista, como a enfermagem, eram aquelas consideradas extensões do papel da mulher no lar, que resguardariam a feminilidade, o dom à maternidade, a sensibilidade feminina e a função da mulher para com o Estado: a de preparar e educar as futuras gerações da pátria.

As mulheres integralistas não eram somente aceitas dentro do movimento, mas também estimuladas a participar dele. Deveriam fazer parte desse modelo de nação, pois precisavam criar os filhos com uma forte base religiosa. Eram elas que dariam à luz os novos integralistas.

A Secretaria Nacional de Arregimentação Feminina e dos Plinianos era responsável por desenvolver atividades exclusivas para as mulheres, que aprendiam puericultura, datilografia, economia doméstica, boas maneiras, além de serem alfabetizadas. Aliás, a alfabetização foi uma campanha importante encampada pela AIB por intermédio de sua Secretaria Nacional de Assistência Social. Em uma época em que os analfabetos eram impedidos de votar, a Secretaria ajudava a transformar os cidadãos em eleitores, principalmente os não integralistas. Esse tipo de público era assistido pela abertura de escolas integralistas, ambulatórios da Cruz Verde, lactários e sopa dos pobres.

A recomendação geral da AIB era para que cada núcleo organizasse uma sala de aula dentro de sua sede com uma biblioteca com livros indicados pelo próprio Plínio Salgado. A AIB chegou a fundar algumas escolas e escolas técnicas. A orientação integralista era a de que suas militantes, as blusas-verdes, deveriam cuidar dos seus filhos, os plinianos, para que crescessem fortes e saudáveis e com um corpo que bem representasse o integralismo.

Associativismo integralista

Fonte: Arquivo Público do Estado do Rio de Janeiro.

Desfile integralista

Fonte: Arquivo Público Histórico de Rio Claro — Fundo Plínio Salgado.

Logo quando nascia, a criança era inserida em uma lógica representada pela AIB. Havia batizados integralistas. A família que desejasse batizar seu filho no ritual do movimento deveria comunicá-lo ao chefe do seu núcleo, responsável por dar curso à solenidade. Os pais e padrinhos deveriam comparecer a um templo cristão trajando a camisa verde. Durante a cerimônia, as crianças da cidade, que eram chamadas de plinianos, se reuniam em torno da pia batismal, enquanto dois deles mantinham aberta a bandeira do *Sigma*. No momento em que a criança recebia o sacramento do sacerdote, todos os plinianos e integralistas presentes erguiam o braço, em silêncio. Em seguida, a criança era envolvida na bandeira da AIB e apresentada pelo pai, ou padrinho, a toda a comunidade. A cerimônia terminava com um grito: "Ao futuro pliniano, o seu primeiro Anauê!"

Plinianos

Fonte: Acervo AIB/PRP-Delfos/PUCRS.

Quando possuísse forças para marchar, a criança era integrada às fileiras da juventude integralista, que tinham uma própria categorização: infantis, vanguardeiros, lobinhos, pioneiros. Devido ao seu caráter militar e à valorização do civismo, foi possível adaptar praticamente todo o esqueleto da formação escoteira para a aplicação imediata no cenário integralista. O militante era levado a buscar a adesão de novos membros em seu círculo social, partindo primeiramente da própria família, célula *mater* da nação na visão integralista.

Por essa razão, os casamentos também eram eventos muito importantes. Assim como nos batizados, uniam o rito tradicional cristão ao protocolo complementar da AIB. No ato civil, que poderia ser realizado no núcleo integralista, a noiva usaria a blusa verde e, no templo, poderia seguir a tradição do vestido branco. O noivo sempre deveria fardar o verde, assim como todos os convidados que fossem membros da AIB.

Assim que entrasse no movimento, o militante era levado a prestar juramentos que confirmavam sua obediência total ao chefe e a seus superiores, bem como o cumprimento das normas e da doutrina integralista.

Casamento integralista

Fonte: Acervo AIB/PRP-Delfos/PUCRS.

Protocolos e rituais

Em abril de 1937, o *Monitor Integralista*, diário oficial da AIB, publicou um documento de grande importância para a normatização dos militantes, os *Protocolos e rituais*. O manual indicava vários elementos do movimento, como o juramento que todo militante deveria prestar. Obrigatoriamente em uma sala de sessões do núcleo local, o ritual deveria acontecer em frente ao retrato do chefe nacional, Plínio Salgado, e com a presença de, pelo menos, dez integralistas.

A principal liderança presente solicitava ao novo integralista erguer o braço direito verticalmente e pronunciar as seguintes palavras: "Juro por Deus e pela minha honra trabalhar pela Ação Integralista Brasileira, executando, sem discutir, as ordens do Chefe Nacional e dos meus superiores." A autoridade dizia: "Integralistas! Mais um brasileiro entrou para as fileiras dos camisas-verdes. Em nome do

Chefe Nacional, o recebo e convido os presentes a saudá-lo, segundo o nosso rito." Assim, elevando a voz, o chefe gritava: "Ao nosso novo companheiro, Anauê!" E os presentes respondiam: "Anauê!"

A sede integralista deveria ser padronizada, e era obrigatório seguir critérios uniformes de instalação com relação às imagens, assim como os usos e as rotinas que tornavam os núcleos integralistas lugares de sociabilidades. Toda sede deveria possuir uma foto do chefe nacional, disposta de forma a este lançar seu olhar sobre os reunidos, um relógio de parede sobre o qual deveria haver a frase "a nossa hora chegará" e, na sala principal, um cartaz contendo os seguintes dizeres: "O integralista é o soldado de Deus e da pátria, homem novo do Brasil que vai construir uma grande nação." Deveria haver um espaço dedicado a uma galeria de fotos em honra aos integralistas-mártires, mortos na defesa do Sigma.

Os *Protocolos e rituais* determinavam datas e festas integralistas, sendo as três principais celebrações: *Vigília da nação*, *Noite dos tambores silenciosos* e *Matinas de abril*.

Na *Vigília da nação*, os integralistas comemoravam o primeiro Congresso Integralista Brasileiro de Vitória, de 1934. A autoridade presente deveria convidar os participantes a ficarem em silêncio, pedindo a Deus que inspirasse o chefe nacional Plínio Salgado e protegesse todos os integralistas.

No dia 7 de outubro, data da publicação do *Manifesto de outubro* de 1932, era celebrada a *Noite dos tambores silenciosos*, para lembrar a amargura dos integralistas pela extinção da milícia após a Lei de Segurança Nacional em 1935, quando Getúlio Vargas obrigou a alteração de determinados componentes da AIB. Às 21h, começava a sessão, com o militante mais pobre e humilde sentado na Presidência do núcleo representando Salgado. Enquanto era cantado o hino integralista, era feita a chamada dos mártires com juramentos, leituras e sermões. À meia-noite, os integralistas se concentravam durante alguns minutos antes de fazerem uma oração.

Noite dos Tambores Silenciosos

Fonte: Arquivo Público Histórico de Rio Claro — Fundo Plínio Salgado.

No dia 23 de abril, data do primeiro desfile cívico dos camisas-verdes pelas ruas de São Paulo, havia a comemoração das *Matinas de abril*. Em uma praça, antes do amanhecer, os militantes ficavam em silêncio com os braços levantados. O som dos clarins acompanhava o nascer do sol, que iria iluminar a vitória do *Sigma*.

Seguindo os moldes dos movimentos fascistas europeus, o integralismo valorizava hinos e canções políticas. Inclusive, a segunda parte do hino nacional brasileiro era abolida por conta do trecho que diz "deitado eternamente em berço esplêndido", pelo fato de os integralistas não aceitarem que o Brasil permaneça deitado.

Com letra de Plínio Salgado, o hino oficial da AIB, *Avante*, buscava demonstrar os elementos centrais do integralismo brasileiro como um movimento de despertar da nação:

Avante! Avante!
Pelo Brasil, toca a marchar!
Avante! Avante!
Nosso Brasil vai despertar!

Avante! Avante!
Eis que desponta outro arrebol!
Marchar! que é a Primavera
Que a Pátria espera:
É o novo Sol!

Eia! Avante, brasileiro,
Mocidade varonil!
Sob as bênçãos do Cruzeiro,
Anauê, pelo Brasil!

Avante! Avante!
Pelo Brasil, toca a marchar!
Avante! Avante!
Nosso Brasil vai despertar!

Avante! Avante!
Eis que desponta outro arrebol!
Marchar! que é a Primavera
Que a Pátria espera:
É o novo sol!

Olha a Pátria que desperta,
Mocidade varonil!
Marcha! – Marcha e brada, alerta:
– Anauê, pelo Brasil!

No fim de sua vida, ao camisa-verde eram ministrados os últimos rituais. As honras fúnebres representavam um ritual de profundo significado espiritualista. No aspecto existencial, representava uma partida honrosa destinada a gravar na memória do movimento a existência de uma pessoa que talvez, fora da coletividade, nasceria e morreria no anonimato, no esquecimento, como se nunca houvesse possuído um valor singular de ser humano. Assim, a AIB prometia outra vida além da morte, esperança das mais elevadas entre os cristãos.

Ao ser transferido para a milícia do além, o caixão era coberto com uma bandeira do *Sigma*, podendo levar uma bandeira nacional conforme a situação oficial do morto. Os integralistas acompanhavam o cortejo fúnebre e, no cemitério, realizavam a chamada do morto. Enfileirados, alinhados e em silêncio, os camisas-verdes ficavam próximos à sepultura onde o caixão seria colocado. Ao final, a maior autoridade presente dizia: "Integralistas! Vai baixar à sepultura o corpo do nosso companheiro [nome], transferido para a milícia do além."

A simbologia passou a ser um traço de unidade do movimento. Diversos *souvenirs* foram criados para auxiliar na propagação do movimento, como pratos, xícaras e louças, além de cigarros, pasta dental e muitas guloseimas, que podiam ser usados e consumidos na noite de Natal para receber a visita do Vovô Índio. E o Papai Noel?

As crianças eufóricas deveriam aguardar um senhorzinho muito amigo das árvores, vestido com penas de todas as cores dos passarinhos, que distribuía presentes para as crianças brasileiras. Para os integralistas, o personagem de roupa vermelha, uma criação popularizada pela Coca-Cola, deveria ser impedido, pois assim evitaria a propagação do imperialismo por intermédio do Noel.

Bala integralista

Fonte: Acervo pessoal.

Louças integralistas

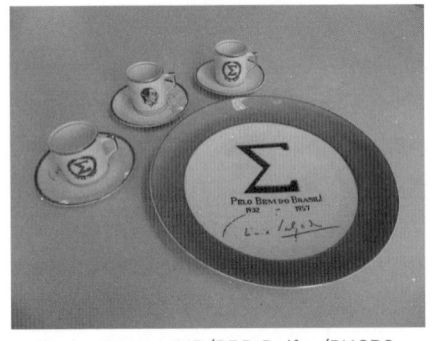

Fonte: Acervo AIB/PRP-Delfos/PUCRS.

Fivela de cinto integralista

Fonte: Acervo AIB/PRP-Delfos/PUCRS.

Capa da revista *Anauê!*

Fonte: Acervo AIB/PRP-Delfos/PUCRS.

O Vovô Índio não foi uma criação integralista. Tudo indica que o vô da mata tem origem em outros grupos intelectuais nacionalistas e foi apropriado informalmente pelos camisas-verdes. A principal hipótese é que seu pai seja o jornalista Christovam de Camargo, amigo de Mário de Andrade, que descreveu o personagem na edição de 25 de dezembro de 1934 no jornal *Correio da Manhã* como um personagem que não gostava de crianças malcriadas e vadias.

Como sabemos, o Vovô Índio não vingou, e nos *shopping centers* quem recebe as crianças para tirar fotografias continua sendo o Papai Noel de roupas vermelhas.

Os rituais e a simbologia integralistas enquadravam o indivíduo no ciclo místico da repetição, fazendo com que o reproduzisse em todos os dias de sua vida. Os *Protocolos e rituais* introduziam palavras mágicas, simbolizando essa força por meio das palavras utilizadas nas fórmulas e nos rituais.

Publicidade e propaganda verde

O teu perfume, amada!... – em tuas cartas
Renasce, azul... – são tuas mãos sentidas!...
Relembro-as brancas, leves, fenecidas
Pendendo ao longo de corolas fartas.

Essa é a estrofe inicial do "Soneto de Katherine Mansfield", escrito pelo mesmo poeta que, anos mais tarde, escreveu ao lado de Tom Jobim a famosa música *Garota de Ipanema*: o compositor Vinicius de Moraes. O poema foi publicado em 1937 na revista *Anauê!* Assim como várias outras personalidades da cultura e política brasileiras, o poetinha, ainda jovem no Rio de Janeiro, foi um militante defensor do *Sigma*.

Sobre isso, Vinicius de Moraes declarou: "Não era tão católico, não, mas era um cara muito mistificado, não só pela formação, mas também pelo grupo que orientava, sobretudo o Octavio de Faria. Eram todos caras de direita, muitos haviam aderido ao integralismo. Não sei como consegui me safar disso."

Influenciado pelo autor de *A tragédia burguesa*, Vinicius de Moraes dizia que tinha sido formado para ser um intelectual de direita. Nos anos 1930, era um poeta reconhecido. Anos mais tarde, após contato com o romancista e ativista político norte-americano Waldo Frank, ocorreu a virada: "Saí um homem de direita e voltei um homem de esquerda."

Um escritor compulsivo, era colaborador na imprensa integralista. A revista *Anauê!* possuía uma diagramação inovadora para a época. Foi feito um grande investimento financeiro para a execução desse periódico, que contava com muitas fotografias, desenhos e charges, contribuindo para o crescimento doutrinário, dialogando com cidadãos não letrados, que antes não eram foco da imprensa verde.

Os impressos eram prioritariamente voltados para a publicidade do integralismo e de sua doutrina, bem como para a conquista de novos militantes. Era um espaço fértil para a divulgação de reflexões sobre o Brasil. Foi assim que o folclorista potiguar Luís da Câmara Cascudo, que inclusive assumiu o posto de primeiro-chefe da AIB no Rio Grande do Norte, passou a ilustrar as páginas da imprensa integralista.

Idealizador do *Dicionário do folclore brasileiro*, Cascudo foi um combativo jornalista anticomunista do jornal *A Offensiva* do Rio de Janeiro. "O bolchevismo sem violência é cachorro sem dentes — é inofensivo e barulhento. A verdade é que a Rússia Soviética é um paraíso de onde todos os anjos querem sair..."

Sob a orientação de Plínio Salgado, o jornal era o principal portal de difusão da doutrina do movimento. Como órgão oficial do integralismo, era responsável por levar a palavra de Plínio Salgado aos núcleos integralistas e ao lar dos militantes. Por esse motivo, havia a obrigatoriedade da assinatura desse periódico por todos os integrantes da AIB.

A relação entre a AIB e a imprensa era muito íntima, pois possuía um grande mecanismo de divulgação das ideias para a sociedade. Com ampla receptividade, custo reduzido e um conteúdo de fácil compreensão, a AIB desenvolveu estratégias que trabalhavam articuladamente para realizar a unificação das publicações integralistas, garantindo, portanto, um padrão específico. Para garantir a unidade e o padrão desejado, foi criado o *Sigma-Jornais Reunidos* — um consórcio jornalístico que reunia 138 jornais em circulação por todo o território nacional. Era um número expressivo comandado pela Secretaria Nacional de Imprensa (SNI), órgão encarregado de censurar e selecionar as matérias.

A imprensa como meio de divulgação e doutrinação se configurou logo nos primeiros momentos de fundação da AIB. Em dezembro de 1932, estudantes da Faculdade de Direito de São Paulo organizaram o jornal *O Integralista*. Em pouco tempo, impressos de circulação nacional passaram a fazer parte do cotidiano brasileiro.

"Da mulher, para mulher, pela mulher." Com essa expressão, as mulheres foram contempladas por meio de uma revista exclusiva, a *Brasil Feminino*. A AIB buscava aumentar o número de mulheres e meninas com um discurso que atraísse a mulher brasileira, não apenas as mães e esposas, mas também as trabalhadoras, que lutavam pelos seus direitos políticos.

Capa da revista *Brasil Feminino*

Fonte: Acervo AIB/PRP-Delfos/PUCRS.

Ao falar de uma revista feminina integralista, não estamos nos referindo a uma revista feminista, mas, sim, de um periódico que buscava moldar politicamente a mulher dos anos 1930. A militante integralista deveria se dividir entre a casa e a associação política, e, nesses espaços, seus papéis eram semelhantes e reforçavam a visão de mãe, esposa e dona de casa.

Para esse objetivo, a revista tinha um papel estratégico. Constantemente, nas páginas de *Brasil Feminino*, eram declaradas as consequências de uma educação moderna da mulher. Ao igualá-la à mesma condição do homem, corria o perigo alarmante da época: "a iminência comunista nos lares das famílias de bem". As páginas destinadas às mulheres afirmavam que a infiltração comunista nas famílias era culpa das mulheres, pois, ao não aceitarem sua verdadeira condição de esposa dedicada e dona do lar, acabavam deixando o caminho livre para essa ameaça.

As revistas e os jornais integralistas eram voltados ao grande público, chegando aos mais variados cantos do Brasil, enquanto os livros e a revista *Panorama* veiculavam as ideias produzidas pelos teóricos do movimento. Os jornais e as revistas não tinham apenas notícias do movimento, visto que eram periódicos com páginas variadas, envolvendo cultura, entretenimento, críticas de cinema, moda, passatempos, enfim, uma ampla quantidade de materiais para não apenas informar, mas também entreter.

Capa da revista *Anauê!*

Fonte: Acervo AIB/PRP-Delfos/PUCRS.

Como todo jornal e revista, a propaganda comercial recebeu papel de destaque e constituiu-se como meio de sobrevivência, custeando a editoração, impressão e distribuição dos periódicos. O *Sigma-Jornais Reunidos* era uma empresa lucrativa que passou a ser alvo de muitas marcas integralistas e não integralistas. Para obter sucesso comercial, a AIB induzia seus militantes a adquirir os produtos e pregava qual comportamento deveria ser assumido pelos integralistas e, consequentemente, a quem mais tivesse interesse em ler os jornais e revistas.

O integralismo impunha ao militante um modo de ser, de se comportar, de vestir, de falar, de calar, de andar, de casar-se, de morrer, de se embelezar, ou seja, um modo muito próprio de ser integralista. Eram anúncios de profissionais liberais, como médicos e advogados, de clínicas que prometiam tratamentos para as perturbações das senhoras sem dor e sem cirurgias, serviços médicos para doenças das vias urinárias, doenças venéreas e do aparelho reprodutor e muitos medicamentos, como pomada Minancora, Emulsão Scott e o Licor de Cacau Xavier.

Cigarro "Sigma"

Fonte: Acervo AIB/PRP-Delfos/PUCRS.

A indústria alimentícia aproveitou o momento e aderiu ao movimento de associar seus produtos à imagem da mulher e do homem saudável, forte, vigoroso, belo e feliz. As massas da marca Aymoré, vendidas nos supermercados brasileiros até hoje, cujo símbolo ainda é um índio com músculos avantajados, apareciam em anúncios em formato grande e mostrando pratos bem servidos do delicioso macarrão que deixaria o brasileiro bem nutrido e forte, até o mais anêmico dos seres.

Com jornais, revistas, rádios, cinema e uma ampla literatura, a AIB alcançou uma significativa expansão pelo país ao longo da década de 1930. O rádio, principal veículo de comunicação em massa no período, era um importante mecanismo de propaganda da AIB. Não havia uma emissora de rádio própria de alcance nacional. Os integralistas pagavam suas inserções, em horários específicos, em emissoras importantes, como Mayrink Veiga, Vera Cruz e Record. Em casos regionais, a AIB chegou a ter emissoras de rádio, como a rádio Sigma, no Maranhão, e a rádio Voz D'Oeste, na Bahia.

Acompanhando as inovações tecnológicas e de informação, foi criada uma sociedade cinematográfica integralista — *Sigma-Film* — sob a direção de Fritz Rummert Júnior, responsável pelo Departamento Nacional Cinematográfico. Suas lentes filmaram concentrações, congressos e solenidades.

Em 1933, famílias de camisas-verdes caminharam pela avenida São João em São Paulo até a porta do Cine Broadway. A diversão do dia era assistir a um filme documental das últimas paradas que os integralistas realizaram em São Paulo. Foi a primeira exibição de uma produção integralista. Um dos principais filmes assistidos em 1935 pelos camisas-verdes foi o longa *O integralismo no Brasil*, que foi exibido no Cine Theatro Capitólio, em Porto Alegre, e no Cine-Theatro Rialto, no Rio de Janeiro. O filme mostrava aspectos de vários desfiles integralistas ocorridos em diferentes cidades brasileiras.

O objetivo não era apenas o entretenimento. Em um relato sobre uma exibição no Cine Glória no Rio de Janeiro, quando a película exibiu uma marcha integralista, os espectadores, como que movidos por "mola oculta", levantaram-se e cantaram a música que vinha do palco. Com um discurso muito forte de incentivo da cultura nacional, o cinema era tido como um importante veículo de propaganda, uma vez que as filmagens seriam projetadas em núcleos integralistas por todo o país.

A imprensa e propaganda integralistas eram caracterizadas como uma ação fundamentalmente doutrinária. Pela imprensa, uma oposição ativa se manifestou. Em torno de uma polarização política nacional, os embates foram inevitáveis.

Oposição e conflito: a revoada das galinhas verdes

Em pouco tempo, os integralistas e, principalmente, o líder Plínio Salgado passaram a ser ridicularizados publicamente pela oposição, formada por grupos intelectuais, como o humorista Aparício Fernando de Brinkerhoff Torelly, também conhecido por Apporelly, e pelo falso título de nobreza de Barão de Itararé. Nas páginas do jornal carioca *A Manhã*, foram apelidados de *galinhas verdes*.

O cronista Rubem Braga, um anti-integralista que utilizava muito bem a imprensa para atacar Plínio Salgado, não poupava palavras para desacreditar o líder. Ridicularizando seu bigode e sua magreza, chamando-o de desonesto e descontrolado, fundou em Recife o jornal *Folha do Povo*, um periódico com relações próximas ao PCB. Em vários momentos, o jornal era usado para questionar o que seria o Brasil com Plínio Salgado: "Nas mãos magrelas deste homem, o Brasil seria o reino da estupidez, da nebulosidade, da opressão, da exploração. Não tenho a menor dúvida de que Plínio é um odioso charlatão. Sua fraqueza moral, sua doutrina cheia de besteiras, seus fins mesquinhos são evidentes."

Charge: Galinha Verde

Fonte: Acervo AIB/PRP-Delfos/PUCRS.

Os conflitos não ficaram restritos aos ataques verbais. Seguindo os modelos fascistas europeus, a AIB criou uma estrutura paramilitar, a Milícia Integralista, transformada, posteriormente, após a Lei de Segurança Nacional, em Secretaria de Educação (moral, cívica e física).

Apreensão de armas da AIB
(Núcleo da Gamboa, Rio de Janeiro)

Fonte: Arquivo Público do Estado do Rio de Janeiro.

A Milícia Integralista era organizada em quatro seções: a primeira ocupava-se da correspondência, controle da organização (estatística, efetivo, disciplina e justiça, inquéritos e promoções); a segunda seção, do serviço de informações; a terceira, da instrução militar e elaboração dos planos de operações militares; e a quarta, do setor de material e serviços. Ela era subdividida em comando e tropa. A direção suprema pertencia ao chefe nacional, seguido do secretário nacional do Departamento da Milícia, Gustavo Barroso, pela Tropa de Proteção e pelo chefe do Estado-Maior, Olympio Mourão Filho, capitão do exército brasileiro, que teve um destaque central em dois golpes políticos — em 1937 e em 1964, quando ocupava a patente de general.

Todo integralista, com idade entre 16 e 42 anos, era obrigado a inscrever-se nas Forças Integralistas. Após o alistamento e uma preparação de 60 dias, o militante jurava dar a vida, se necessário, por Deus, pela pátria e pela família.

Marcha integralista

Fonte: Acervo AIB/PRP-Delfos/PUCRS.

Assim, contra o avanço fascista e a favor de uma ação revolucionária, uma reação da esquerda foi consolidada. Dois grupos foram organizados para impedir o fortalecimento da AIB. Com gritos de "abaixo o fascismo e viva a liberdade", gravitavam em torno da Frente Única Antifascista (FUA) os anarquistas, sindicalistas, antifascistas independentes e vários outros grupos de base socialista, como a Frente Negra Socialista, o Partido Socialista Brasileiro (PSB) e o Grêmio Universitário Socialista. A partir do PCB, houve a materialização da Aliança Nacional Libertadora (ANL), uma frente única contra o fascismo em concordância com aspectos políticos ligados à antiga URSS.

Nesse período vivia-se numa tensão política entre esquerda e direita com um governo autoritário liderado por Getúlio Vargas. Devido à polarização evidente no Brasil, conflitos, lutas e mortes passaram a ser inevitáveis.

O ano de 1934 foi marcado por confrontos armados entre forças antifascistas e integralistas. Em uma quarta-feira, 3 de outubro, os integralistas da cidade de Bauru, interior de São Paulo, organizaram uma grande festa para receber Plínio Salgado. Era feriado em comemoração ao aniversário da Revolução de 1930, e o líder dos camisas-verdes preparou uma palestra doutrinária. O evento que estava previsto há meses foi noticiado pelos jornais locais como um grande acontecimento. Os integralistas da cidade estavam muito animados, pois às 20h os bauruenses estariam próximos ao chefe nacional.

Para o mesmo dia, às 19h, o Sindicato dos Empregados e Operários da Estrada de Ferro Noroeste do Brasil marcou uma Assembleia Geral Extraordinária. Nessa mesma hora, os camisas-verdes locais, com seus tambores e taróis, saíram em marcha da sede local e foram ao hotel em que estava hospedado Plínio Salgado.

Após saudar o chefe — *Anauê! Anauê! Anauê!* —, os seguidores saíram do hotel em marcha liderada por Plínio Salgado até o local da palestra. Durante o trajeto, o desfile passou a ser repreendido por populares, que gritavam palavras de ordem contra o integralismo. Em uma cidade do interior de São Paulo, fascistas e antifascistas ocupavam as mesmas ruas. Os ânimos foram se exaltando até que estourou um violento tiroteio. Havia um alvo: Plínio Salgado. Os comerciantes fecharam as portas, e o conflito durou cerca de uma hora. De um lado, integralistas milicianos, e, do outro, sindicalistas. O quebra-quebra e a confusão resultaram em um morto e quatro feridos, todos integralistas.

Nicola Rosica, casado e pai de dois filhos, trabalhava como servente de ferrovia. No momento do desfile integralista, ocupava a posição de guarda das bandeiras e estava localizado à frente do chefe nacional quando recebeu no peito o tiro que o matou. Os militantes integralistas não estavam apenas concentrados na classe média ou elite financeira urbana, pois havia uma militância muito expressiva no movimento operário e com ações sindicais.

Após o conflito, Plínio Salgado foi levado para depor. No inquérito policial, disse que era possível ouvir os gritos de "morra o integralismo" e "viva o comunismo". Apesar da presença da milícia, o líder dos integralistas garantiu à polícia que os camisas-verdes estavam todos desarmados.

A confusão estava formada e com muitas versões. De acordo com o manifesto do Sindicato dos Empregados da Estrada de Ferro, o conflito e a provocação começaram no domingo, dia 30 de setembro, quando num comício de integralistas um dos oradores atacou violentamente as organizações sindicais. Os sindicalistas alegaram ainda que foram os próprios integralistas que se feriram.

A morte teve repercussão nacional. Nicola Rosica foi tratado como o primeiro mártir do movimento integralista, visto que morreu defendendo o nacionalismo, a hierarquia, a ordem a e disciplina social. Com a morte, ao invés de apaziguamento, houve intensificação da disputa e rivalidade.

Quatro dias depois, em 7 de outubro, os integralistas organizaram uma grande festa em comemoração aos dois anos da AIB. Um desfile de 10 mil camisas-verdes estava programado em São Paulo em direção à praça da Sé, onde Plínio Salgado faria um comício, e os militantes prestariam juramento ao chefe. Ao saber do acontecimento, dias antes, a Frente Única Antifascista solicitou um alvará para uma ocupação pacífica da praça da Sé. O documento foi negado, e a AIB foi autorizada a realizar o evento.

Revoltada com a ação, uma comissão de militantes da FUA foi ao encontro do governador Armando Salles de Oliveira e ameaçou uma ocupação da praça da Sé, uma espécie de contramanifestação. O clima de tensão aumentava cada vez mais. Todas as organizações de esquerda de São Paulo foram convocadas para participar da ação, que foi coordenada por João Cabanas, antigo tenente da Força Pública.

Havia um plano estratégico de combate em três posições centrais: ocupada por membros do PSB, a primeira começava no Palacete Santa Helena na praça da Sé até a rua Wenceslau Braz; a segunda posição, representada pelos comunistas, seria estabelecida no fundo da praça, próxima à rua Direita; a terceira, pelos trotskistas e anarquistas, entre as ruas Senador Feijó e Barão de Paranapiacaba.

Com receio de uma tragédia, o governo enviou um contingente de 400 homens para o centro de São Paulo. Eram militares dos Batalhões de Infantaria da Polícia Militar, do Corpo de Bombeiros, Regimento de Cavalaria e Guarda Civil. Com o alvará concedido, a AIB divulgou antecipadamente o trajeto do desfile, que seria iniciado no cruzamento da avenida Brigadeiro Luís Antônio com a rua Riachuelo e tinha como destino a praça da Sé.

A população estava excitada com as manifestações. Há dias a imprensa noticiava o grande evento dos integralistas, que reuniu cerca de 10 mil camisas-verdes. Ao mesmo tempo, os antifascistas inundaram a cidade com manifestos e panfletos: "És amigo da liberdade? Queres que o Brasil marche para a paz e o progresso? Repugna-te o crime e a bandalheira? És amante da arte, da ciência e da filosofia? Pois, então, guerra ao integralismo com todas as tuas energias." Assim como a Federação Operária de São Paulo, de orientação anarquista, todos esperavam o acontecimento.

Com a rota dos integralistas em mãos, a FUA se colocou em posição estratégica, com 40 atiradores posicionados no trajeto divulgado com o objetivo de destruir os cabeças do movimento. Diante da perspectiva de confronto, os integralistas divulgaram em nota oficial a presença de uma tropa de choque formada por 500 homens armados. Com conhecimento prévio, os integralistas mudaram o trajeto, frustrando momentaneamente os planos dos antifascistas. Em razão disso, foram necessárias improvisações.

Após desfilarem gritando palavras de ordem e muitos *Anauês!*, chegaram à praça da Sé para o momento final. Os camisas-verdes, entretanto, foram surpreendidos com o movimento operário paulista, que os recebeu com vaias e gritos de "Abaixo o fascismo! Morra o integralismo! Fora galinhas verdes!". Após um princípio de tumulto, que foi momentaneamente resolvido com tiros da polícia para o alto, os integralistas ocuparam as escadarias da Catedral da Sé, quando então os discursos antifascistas foram iniciados.

Os cavalarianos da Força Pública estavam postados estrategicamente. Ao receberem ordens de ataque, um verdadeiro corre-corre ocorreu nos entornos da praça da Sé. Nessa confusão, ao lado do oitão da catedral, um popular corria na tentativa de escapar das patas dos cavalos e tropeçou numa metralhadora da polícia que estava em um tripé. O pipocar involuntário da arma fez três guardas civis feridos, e um deles morreu de forma instantânea. Um soldado pulou sobre ela, segurando-a pelo cano, e conseguiu dominar a arma, mas era tarde demais. O escorregão do popular iniciou o conflito, pois mal a metralhadora silenciou, ouviram-se novos tiros. Os contramanifestantes buscavam tomar a praça à força e provocavam os camisas-verdes — "Anauê! Anauê! Prepara as pernas pra correr!"

Uma chuva de balas partiu do alto de um dos prédios por todas as direções e de todos os grupos. Os integralistas responderam com tiros, que eram disparados contra as fachadas dos prédios. Ao mesmo tempo, os soldados começaram a disparar sem um alvo definido. Os presentes se escondiam atrás dos automóveis e entravam em prédios atrás de segurança. Foi assim com Assis Chateaubriand, o magnata do jornalismo, que disse ter sido testemunha acidental do conflito e se escondeu em um dos prédios da Sé para se proteger do fogo.

As quatro horas de cerrado tiroteio na Batalha da Praça da Sé resultaram em um saldo de seis mortos e 50 feridos. Três guardas civis foram alvejados — Hernani Dias de Oliveira, José dos Santos Rodrigues Bonfim e José Nogueira Cobra. Transformados em mártires pela AIB, os integralistas Jaime Barbosa Guimarães e Caetano Spinelli receberam honras póstumas. E como indicado pelos *Protocolos e rituais*, foram para a milícia do além.

Do lado comunista, muitos feridos, como o ativista político trotskista Mário Pedrosa, que mais tarde foi um dos primeiros intelectuais a apoiar a construção do Partido dos Trabalhadores (PT), detentor da ficha de filiação número um. Houve uma morte, do estudante de direito Décio Pinto de Oliveira, militante da Juventude Comunista, que levou um tiro na nuca quando, perto da rua Barão de Paranapiacaba, discursava para a multidão pendurado em um poste. Foi transformado em ícone da luta antifascista.

Como em toda polarização, diferentes versões foram construídas considerando o ponto de vista do narrador. "Na praça da Sé, quando, do alto do antigo Edifício Santa Helena, fuzilaram a milícia integralista que, desarmada, vestia pela primeira vez a camisa verde, com a morte de dois operários. Sobre esses homicídios nem sequer foi instaurado inquérito policial", assinalou Miguel Reale. Enquanto a atriz e sindicalista Lélia Abramo expressou: "Enfrentamos, com armas nas mãos ou sem elas, a organização fascista integralista, comandada por Plínio Salgado. Os integralistas estavam todos fardados, bem armados, enquadrados e prontos para uma demonstração de força, protegidos pelas instituições político-militares getulistas e dispostos a tomar o poder."

Segundo relatos, durante o combate, os camisas-verdes foram vistos correndo pelas ruas. Nos dias seguintes, foram encontradas camisas às centenas abandonadas pelo chão, episódio que contribuiu para a denominação de "A revoada das galinhas verdes", em alusão à correria dos inimigos durante o tiroteio.

Aparício Torelly, o falso nobre Barão de Itararé, confessou certa vez que por pouco não aderiu ao integralismo. Em uma anedota disse que quase enfiou uma camisa verde, pois pensou que o lema fosse "Adeus, pátria e família!". Para o humorista, o integralismo era um alvo perfeito. Por esse motivo, não bastou muito, a primeira página do *Jornal do Povo*, editada por Torelly, estampou: "Um integralista não corre: voa…". Na foto que ilustrava a edição do dia 10 de outubro de 1934, vê-se um integralista atrás do poste, enquanto outros tantos, no centro da praça da Sé, estavam agachados.

Após a Batalha da Praça da Sé, os confrontos continuaram em diversas cidades, como em São Sebastião do Caí, no Rio Grande do Sul, Campos dos Goytacazes, no Rio de Janeiro, entre outras. Cada morte resultante de confronto transformava o integralista em mártir. Cerca de 20 mártires integralistas foram formados nessa época.

A partir desse momento, o anticomunismo da AIB passou a ser mais visível, coincidindo com as transformações políticas da organização, quando buscou a legalização partidária, visando às eleições presidenciais de 1938. Entretanto, devemos nos lembrar que os integralistas não eram os únicos opositores do comunismo, uma vez que havia um inimigo muito mais sólido aos comunistas: o presidente do Brasil, Getúlio Vargas.

O apoio ao Golpe do Estado Novo

Vestindo a tradicional camisa verde, em maio de 1937, os integralistas saíram de suas casas e foram em família votar pela primeira vez. Era o plebiscito interno que tinha como propósito definir quem seria o representante da AIB nas eleições presidenciais marcadas para o dia 3 de janeiro de 1938.

Quem seria escolhido? Sem grandes surpresas, o chefe nacional. Com 846.354 votos, segundo a estatística oficial divulgada na imprensa integralista, Plínio Salgado foi indicado, tendo Gustavo Barroso, em segundo lugar, alcançado 1.397 votos, e Miguel Reale, com outros 164 votos. Era uma votação aberta, portanto, outras lideranças, como dom Hélder Câmara, foram mencionadas, mas, obviamente, sem qualquer possibilidade de vitória.

A Constituição promulgada em 1934 estabeleceu mandato presidencial de quatro anos. Já em 1936, o clima sucessório ganhou as ruas com as candidaturas de Armando de Sales Oliveira, pelo partido oposicionista União Democrática Brasileira (UDB), então governador de São Paulo, e o candidato do governo, José Américo de Almeida, escritor do romance *A bagaceira*, que também foi ministro da Viação e Obras Públicas e do Tribunal de Contas da União no governo Getúlio Vargas.

A campanha dos três candidatos foi em vão. Com o golpe do Estado Novo, decretado menos de dois meses antes das eleições, em 10 de novembro, Getúlio Vargas se manteve no poder, saindo da Presidência apenas em 1945. Com a implantação do novo regime, ocorria um questionamento entre os integralistas: seria o momento do poder? Com a presença de alguns deles na organização ditatorial de 1937, o objetivo de certo poder passava a ser vislumbrado por Plínio Salgado e seus seguidores.

A presença dos integralistas no processo de organização para a implantação do Estado Novo passava a ser um elemento de esperança para os camisas-verdes. O contato dos integralistas com Getúlio Vargas ocorria pelas relações de proximidade em torno dos inimigos em comum, e nunca pela convergência política. A busca pelo poder supremo era um elemento gerador de divergências, e, devido à ânsia pela vitória, Vargas conseguiu manipulá-los habilidosamente, em especial Plínio Salgado.

Muitos camisas-verdes passaram a defender o novo regime por compreender que os ideais do Estado Novo representavam anseios doutrinados pela AIB desde 1932, como a supressão dos partidos políticos e a organização do trabalho nacional. Em um primeiro momento, uma parcela dos integralistas enxergou um avanço, mas foi algo que durou pouco tempo.

Em adesão ao projeto de Vargas, os integralistas passaram a promover manifestações de apoio ao governo. Em 1º de novembro de 1937, os militantes vestiram suas camisas verdes e ocuparam as ruas do Rio de Janeiro. A marcha sobre a Guanabara reuniu, segundo cálculos da AIB, entre 35 a 50 mil milicianos, além de oficiais das Forças Armadas. Reuniram-se em perfeita ordem, na praça Mauá, e seguiram pela avenida Rio Branco até o Hotel Glória, onde estava o líder dos integralistas, que passava os militantes em revista.

Continuaram a marcha até o Palácio do Catete, onde Getúlio estava com sua filha, Alzira, e na companhia do chefe da Casa Militar da Presidência, general Francisco José Pinto, e do fiador do integralismo, general Newton Cavalcanti, comandante da Vila Militar. O presidente foi saudado pelos integralistas, que com os braços levantados gritavam um vibrante *Anauê!*

Esse ato foi o símbolo do inequívoco apoio de Salgado às investidas golpistas de Vargas. Nessa relação, há o pretexto central da paranoia coletiva estabelecida no Brasil em torno do comunismo, o Plano Cohen. O embuste conspiratório evocava o perigo vermelho que ameaçava as instituições brasileiras.

O integralista e capitão do exército Olympio Mourão Filho foi apontado como o responsável pelo plano forjado, que, por sua vez, acusava o general Góes Monteiro, chefe do Estado-Maior, de ser o mandante: "O Góes que inventou. Nunca existiu. Era um estudo de como seria uma revolução comunista, que era para nós mimeografarmos aqui, para darmos aos burgueses lerem, para nos ajudar, porque nós estávamos mal de finanças. Era um estratagema."

O objetivo era buscar uma unidade entre os anticomunistas por meio de um forte discurso conspiracionista. Dessa forma, o chefe do Estado-Maior Góes Monteiro noticiou, no programa radiofônico *Hora do Brasil*, a descoberta de um plano cujo objetivo era derrubar o presidente Getúlio Vargas. Todos eram categóricos de que o documento foi arquitetado entre membros do PCB e as organizações comunistas internacionais. Após o programa de rádio, o medo transformou-se em terror e pânico. A histeria foi geral. O que a população não sabia é que o plano era uma fraude.

O documento, supostamente apreendido pelas Forças Armadas, anunciava uma nova insurreição armada, semelhante à de 1935. A invasão comunista previa a agitação de operários e estudantes, a liberdade de presos políticos, o incêndio de casas e prédios públicos, manifestações populares que terminariam em saques e depredações, a eliminação de autoridades civis e militares que se opusessem à tomada do poder, além do "desrespeito à honra e aos sentimentos mais íntimos da mulher brasileira". A ameaça comunista passou a ser elemento de ligação entre o governo e a AIB. O período que antecedeu o mês de novembro foi de grande agitação e manobras políticas. O ponto central estava por trás de uma entrada oficial de Plínio Salgado no governo.

O presidente, conforme detalhou em seu diário pessoal, lhe havia prometido que, após o golpe político, os integralistas iriam participar do Estado Novo, sendo os responsáveis pelo Ministério da Educação: "Aproveitando uma coincidência momentânea, encontrei-me com Plínio Salgado, e aí conversamos sobre a dissolução do integralismo e dos partidos políticos, e sua entrada para o Ministério. Ficou de acordo, ponderando, porém, as dificuldades que encontraria, precisando consultar sua gente e depois responder-me."

Getúlio Vargas, entretanto, decretou o golpe e não tomou tal atitude, despertando um sentimento de traição aliado ao desejo de vingança entre os integralistas. O movimento integralista, mesmo tendo respaldado a ação política que implantara a ditadura estado-novista, não perdoou a traição de Vargas. Esse fato despertou um estado de revolta nos camisas-verdes, que, no limite, foram levados ao levante armado.

Vargas protelou de todas as formas uma decisão oficial. Era bem claro que o presidente não concederia o poder a Plínio Salgado e apenas usou da força dos militantes integralistas para auxiliar a consolidação do Estado Novo, que dissolveu todos os partidos políticos, além de proibir milícias cívicas e restringir o uso de uniformes e simbologias dessas entidades, entre as quais a AIB.

O tempo foi passando e estava cada vez mais visível que o acordo, mediado pelo ministro da Justiça Francisco Campos, não seria cumprido. Assim, em janeiro de 1938, a romancista Rosalina Coelho Lisboa, amiga de Plínio Salgado e muito próxima de Getúlio Vargas, utilizou seu prestígio para interceder pelo integralismo e por seu líder, mas foi em vão, uma vez que sua decisão estava tomada.

O presidente fazia de tudo para evitar contato com os integralistas. Plínio Salgado passou a dizer publicamente que não aceitaria o cargo, mas, ao mesmo tempo, continuava a insistência em assumir o Ministério. Em 16 de fevereiro de 1938, Vargas relatou: "Dona Rosalina teve uma conferência com Plínio Salgado e traz-me as condições escritas pelo genro deste [José Loureiro Júnior] para ele entrar para o Ministério. Pedi à portadora que as devolvesse, dizendo que eu não tomava conhecimento."

Plínio Salgado acreditou e foi enganado por Getúlio. O fechamento da AIB criou um elemento de oposição ao governo. O líder integralista havia sido manipulado. Os seus contatos não foram suficientes para evitar o pior para os camisas-verdes. Ao ir atrás do general Newton Cavalcanti, simpático ao movimento integralista, este garantiu que a nova ordem — Estado Novo — não pouparia o integralismo. Era, portanto, necessário criar uma imagem em torno do líder: uma vítima nas mãos do terrível Getúlio Vargas. E ainda justificar como e por que não haveria combates para defender a AIB.

Como forma de manutenção organizacional, Plínio Salgado criou a Associação Brasileira de Cultura (ABC), que pretendia seguir os ideais do integralismo no limite da lei. A ideia era dar continuidade ao integralismo na legalidade, conforme o artigo 21º do estatuto: "São sócios fundadores da Associação Brasileira de Cultura todos os integralistas, de ambos os sexos, inscritos na Ação Integralista Brasileira." Apesar do esforço, Plínio não conseguiu o registro da nova organização.

A busca da legalidade integralista ocorreu em um momento de negociações frustradas, pois se vê que o líder integralista foi levado pelo golpe getulista. A traição foi evidente. A rigor, os integralistas se julgavam traídos por Vargas, fato que Plínio Salgado considerava mais ofensivo a Vargas do que a eles. Uma corrente pleiteava cargos — o Ministério da Educação, por exemplo —, enquanto outra, liderada pelo chefe do Departamento Nacional de Finanças da AIB, Belmiro Valverde, cogitava uma conspiração em uma vertente mais radical.

No dia 10 de janeiro de 1938, armas foram apreendidas no núcleo integralista da cidade mineira de Juiz de Fora. Nos dias 19 e 20, houve um tiroteio seguido da apreensão de armas e a prisão de 24 integralistas no Rio de Janeiro. Em Niterói, a polícia de Vargas, liderada por Filinto Müller, prendeu o proprietário de uma padaria, que possuía armas e uniformes em depósito. Havia um clima de instabilidade e revolta entre os camisas-verdes.

Os integralistas não perdoavam Vargas e iniciaram a preparação de uma ação armada contra o governo. Era uma grande articulação envolvendo as principais lideranças do movimento, como Plínio Salgado — que negou sua participação até a morte —, Gustavo Barroso e Belmiro Valverde, que teve um papel central nas ações.

Na aliança, havia outros segmentos de uma política antivarguista, com políticos civis, como Otávio Mangabeira e Flores da Cunha, militares, como Euclides Figueiredo e Severo Fournier, e oficiais generais, como o general João Cândido Pereira de Castro Jr.

Uma fase de conspirações, seguida de ações fracassadas, em 11 de março e 11 de maio, mobilizou os últimos momentos da AIB e da liberdade de muitos camisas-verdes.

Levante integralista de 1938 e a tentativa de assassinato de Getúlio Vargas

Conspiradores buscavam prender Getúlio Vargas. Com a tomada da estação de rádio Mayrink Veiga, o sinal seria emitido para todo o país. Havia uma data, 10 de março de 1938. Foi uma tentativa frustrada de ação, pois a polícia conseguiu prender os que pretendiam praticar as ações antes que elas fossem iniciadas. Denunciados como conspiradores, Otávio Mangabeira e o coronel Euclides Figueiredo foram presos, assim como centenas de integralistas. A casa de Plínio Salgado foi vasculhada. A polícia encontrou armamentos e munições, mas o chefe estava escondido.

Mesmo com uma ação malsucedida, os integralistas continuaram o planejamento em torno de uma nova ação. A coordenação foi designada por Plínio Salgado a Belmiro Valverde, que contou com o apoio de Raymundo Barbosa Lima, chefe da província da Guanabara. O planejamento da nova ação foi elaborado pelo ex-tenente Severo

Fournier e supervisionado pelo coronel Euclides Figueiredo, que não eram integralistas, o que mostra mais uma vez a heterogeneidade da nova ação.

Os alvos estavam definidos: Palácio Guanabara, Polícia Civil, Polícia Especial, Quartel-General do Exército e Polícia Militar. Deveriam também ser assaltadas as residências de várias autoridades. Os conspiradores tinham dois pontos como quartel-general: na estrada da Gávea, onde fabricavam bombas, manipulavam dinamites e faziam limpeza e lubrificação das armas, e na avenida Niemeyer, número 550, onde Belmiro Valverde alugou uma casa, que era paga com os 100 mil cruzeiros que o ex-governador do Rio Grande do Sul, Flores da Cunha, havia enviado aos conspiradores.

Este era um plano de enormes dimensões. E, do imenso plano traçado, apenas uma pequena parte foi realizada na madrugada de 11 de maio. O alvo principal era o Palácio Guanabara, residência do presidente da República, com o objetivo de depor imediatamente Getúlio Vargas.

O coordenador do assalto, às 23h30 do dia 10 de maio, o tenente liberal Severo Fournier, deu ordens para que os milicianos colocassem os uniformes de fuzileiros navais e os lenços brancos, que seriam o sinal de reconhecimento dos revoltosos. Foi uma verdadeira confusão. Os envolvidos marcaram um encontro na avenida Niemeyer, de onde sairiam em dois caminhões, mas nem todos compareceram. Ao chegar no palácio, um dos caminhões não desembarcou os participantes, afastando-se e levando embora muita munição.

Apesar de tudo, os guardas do palácio foram presos, e um intenso tiroteio começou nos jardins. No interior do palácio, havia o tenente Júlio Nascimento, integralista que estava em serviço e facilitou a ação dos revoltosos. Com o objetivo de isolar e controlar o palácio, cortaram a eletricidade e o telefone, mas se esqueceram da linha direta presidencial.

Nos quartos, a família Vargas acordou com o tiroteio e buscou reforços. O chefe de polícia, Filinto Müller, foi contatado e chegou minutos depois. Após ter conhecimento do episódio, o ministro da Guerra, Eurico Gaspar Dutra, saiu do Forte do Leme a pé e sozinho, reuniu 12 homens para o combate, sendo os primeiros a chegar na Guanabara. Com uma troca de tiros, dois homens de Dutra foram mortos, e ele levou um tiro de raspão na orelha.

As tropas dos revoltosos demoraram e, em um certo momento, Severo Fournier desistiu do ataque e fugiu ao lado de outros participantes pelos fundos do palácio. Outros envolvidos foram fuzilados pela polícia ali mesmo, que conseguiu apreender o carro de Fournier que estava estacionado nas imediações das Laranjeiras com todos os planos da conspiração.

Após ter a situação sob controle, a polícia descobriu alguns integralistas escondidos nos jardins do palácio e os fuzilou sumariamente. Outras ações aconteceram simultaneamente, como um assalto ao Ministério da Marinha, a tomada do cruzador Bahia e de algumas estações de rádio, que leram o *Manifesto* de Plínio Salgado, anunciando uma suposta deposição de Getúlio Vargas.

Em São Paulo, Plínio Salgado acompanhava à distância, buscando desvincular-se de qualquer ação revoltosa. Pouco provável que o chefe nacional não soubesse de uma ação conspiratória contra o governo. Após isso, a repressão aos camisas-verdes foi brutal. Cerca de 1.500 indivíduos suspeitos ficaram detidos na casa de correção, localizada na Ilha Grande. Muitos deles foram processados pelo Tribunal de Segurança Nacional. A prisão e a entrada na clandestinidade abalaram mais ainda a estrutura dos integralistas.

Aos integralistas mortos foram negados os rituais fúnebres, sendo enterrados em covas rasas, sem identificação, no Cemitério São Francisco Xavier (Caju), no Rio de Janeiro. Ainda em 1938, um grupo de militantes conseguiu entrar de madrugada no cemitério e depositou nas covas uma placa em granito com o nome dos mártires mortos. Não foi retirada e ainda permanece no local.

Em 11 de maio de 1973, 35 anos depois, foi inaugurado pela organização integralista o Instituto Carioca de Estudos Brasileiros, presidido pelo general Jayme Ferreira da Silva: um mausoléu em homenagem aos mártires do levante. No túmulo, que é espaço de peregrinação e de encontro dos neointegralistas, encontram-se depositadas as cinzas dos militantes integralistas.

O episódio de 1938 ocorreu com desordem e falta de preparo, destruindo completamente qualquer tipo de pretensão dos integralistas naquele momento. Muitos militantes foram presos e colocados nas mesmas celas que os comunistas, com penas severíssimas. Ao sargento fuzileiro Luís Gonzaga de Carvalho foi dada a maior pena imposta pelo tribunal, com 40 anos de prisão por ter assassinado um membro da guarda palaciana que a ele se rendera.

Diante desse contexto, não restava outra opção a Getúlio Vargas a não ser conter Plínio Salgado. E foi o que ocorreu em 26 de janeiro de 1939. "Preso o Sr. Plínio Salgado! A diligência realizada em São Paulo a 1 hora da madrugada de hoje", estampou o jornal *A Noite*. Por falta de provas, os chefes da AIB foram excluídos do processo judicial movido contra os integralistas devido ao levante de 11 de maio de 1938.

Plínio ficou refugiado durante vários meses. Em nenhuma revolta seu nome figurava como mandante, mas era bem claro que era o visado no momento da punição. Sua esposa, Carmela Patti Salgado, dizia que o período era de muitas instabilidades: "Nós não tínhamos uma casa fixa. Uma semana numa casa, uma semana em outra, uma semana no interior, uma semana na capital durante dois anos. Até que ele foi preso numa madrugada."

Sua captura teve episódios únicos, que mostram como a força do chefe integralista continuava persistindo, mesmo com a ilegalidade. Segundo o jornal *Correio da Manhã*, a busca estava sendo tentada há vários meses pela polícia; no entanto, um homem que dizia ser inimigo de Salgado realizava diversas denúncias em relação ao paradeiro do líder integralista: "Esse homem andou percorrendo várias regiões do Estado acompanhado de policiais. Quando uma diligência fracassava, ele imediatamente apresentava nova pista." O delegado responsável,

Carneiro da Fonte, começou a desconfiar do homem e, para testá-lo, prendeu-o, tendo ele confessado que não sabia o paradeiro do foragido e que estava no processo para atrapalhar as investigações.

A procura continuou, e o caso policial foi solucionado no dia em que um rapaz passou a desconfiar de uma possível traição da namorada. Plínio Salgado ficou muito doente e necessitava de acompanhamento médico no seu esconderijo — rua França, número 336, no bairro Jardim América da capital paulista —, contratando assim os serviços do dr. João Baptista, médico do Hospital Umberto I. O líder dos camisas-verdes estava fraco e precisava de aplicações de injeções, sendo necessária a presença de uma enfermeira.

A jovem incumbida de tal função tinha um namorado muito ciumento, que pediu explicações sobre sua proximidade com o médico. Para demonstrar que eram acusações infundadas, revelou ao rapaz a razão dos encontros. Para azar de Plínio Salgado, o namorado da jovem enfermeira era um agente policial e levou o caso ao conhecimento dos seus chefes. Uma diligência foi imediatamente organizada por investigadores do Departamento de Ordem Política e Social (Dops), que levou à prisão do chefe da extinta AIB.

Henrique Salgado, irmão do chefe integralista, também foi preso. Loureiro Júnior, ao ver os policiais, correu para um cômodo da casa, fechando-se no quarto. Quando os policiais entraram, verificaram que Loureiro tentava colocar fogo em alguns papéis. Os três presos foram conduzidos para a delegacia.

Plínio Salgado afirmou em seu depoimento a versão de que não estava envolvido em nenhum ato violento e que muito menos ordenou ações desse tipo aos seus comandados. Completou dizendo que a ação de violência ocorreu como uma consequência à morosidade do governo em cumprir o acordo estabelecido no ato do golpe de 1937. Sua intenção era excluir qualquer possível participação nos ataques ou em articulações contrárias ao governo, jogando a culpa da instabilidade política em Getúlio Vargas por não cumprir o acordo estabelecido com os integralistas em 1937.

De fevereiro a meados de maio de 1939, Plínio Salgado ficou livre, sendo posteriormente preso em definitivo. Foi levado para o Rio de Janeiro e chegou à Fortaleza de Santa Cruz no dia 30 de maio de 1939, permanecendo até o dia 22 de junho do mesmo ano, quando partiu para Portugal, iniciando um autoexílio, que teve fim apenas em 1946.

2

O integralismo entre a democracia e a ditadura

O integralismo na clandestinidade

"Foram os comunistas que me prepararam isso. Eles estão tramando, e eu sou um empecilho para seus planos", dizia Plínio Salgado ao ser preso ao lado de outros camisas-verdes, colocando-se como vítima. Como em outros momentos, a necessidade de lutar contra o comunismo falou mais alto e foi a explicação encontrada para justificar as prisões, perseguições sofridas e os novos projetos políticos.

Em função da forte repressão policial do Estado Novo às atividades clandestinas da AIB, muitos integralistas fugiram e partiram para o exílio; alguns foram cooptados pelo varguismo, muitos decidiram manter-se em silêncio, e outros — principalmente camisas-verdes anônimos — foram processados pelo Tribunal de Segurança Nacional. Para os encarcerados, foi criada uma rede de solidariedade, o Socorro Verde, entidade fundada com a intenção de auxiliar integralistas detidos.

Além da pressão governamental, os integralistas passavam por fortes divergências internas quando Plínio Salgado indicou o chefe dos integralistas no Rio de Janeiro, Raymundo Padilha, como seu representante no período da ilegalidade, sendo, portanto, o responsável pela reorganização do movimento. Foi um descontentamento, sobretudo entre Gustavo Barroso e Miguel Reale.

Houve ainda um pequeno grupo, o Appolo Sport Club, que buscou, clandestinamente, articular algumas atividades do integralismo. Com uma estrutura muito simples, funcionava no Rio de Janeiro, na rua do Propósito, n. 20, e reunia um grande número de integralistas em eventos culturais e esportivos. Era constantemente vigiado pelas forças policiais do governo e teve como principal dirigente Jader Medeiros, um insuflado militante integralista.

A Cruzada Juvenil da Boa Imprensa, fundada na rua do Ouvidor, n. 27, tinha como propósito reconstruir uma rede de contatos entre os integralistas no Rio de Janeiro no período da ilegalidade. Sem qualquer mobilização, se encontravam uma vez ou outra em datas comemorativas, mas, é importante ressaltar, foi por intermédio de seus membros que, posteriormente, ocorreu a manutenção de uma militância integralista fundamental para o projeto futuro de Plínio Salgado no Partido de Representação Popular.

Após o ataque no Palácio da Guanabara, que desfragmentou a AIB, os integralistas estavam desarticulados e não contavam com uma forte e central liderança. Miguel Reale fugiu para a Itália. Partiu em julho de 1938, infiltrado em uma excursão de alunos secundaristas do Instituto Medio Dante Alighieri. Viveu quase um ano em Roma ao lado de outros integralistas que se envolveram no ataque do Palácio da Guanabara, como o camisa-verde Lauro Barreira e aquele que passou a ser secretário particular de Plínio Salgado no autoexílio em Portugal, Hermes Lins e Albuquerque, que tinha a companhia de sua esposa, Rosa.

Miguel Reale dizia estar desiludido com o fascismo e sem esperança em relação à sobrevivência da AIB. Ele via a movimentação de rearticulação integralista como um perigo para as possibilidades pacíficas de soluções dos problemas nacionais. Essas afirmações marcaram por completo a ruptura de Reale com o integralismo. Assim, partiu para reflexões teóricas e de cunho acadêmico, o que o levou à posição de professor catedrático da Universidade de São Paulo (USP) em 1941, momento que alcançou uma posição destacada no interior da burocracia do Estado Novo.

Gustavo Barroso, por ser um homem muito bem relacionado entre os intelectuais, apesar do forte discurso antissemita e da radicalização política, conseguiu trânsito livre no Estado Novo. O fato de ser um imortal da Academia Brasileira de Letras ao lado de Getúlio Vargas (que passou a ocupar, a partir de 1941, a cadeira n. 37) facilitou essa relação. Nesse contexto, as atividades integralistas foram protocolares, e a relação com Plínio Salgado durou até 1945.

Com Plínio Salgado, o tratamento foi mais duro. O próprio general Eurico Gaspar Dutra dizia não acreditar na participação de Plínio no ataque ao Palácio da Guanabara, mas como a dúvida pairava, principalmente com as inúmeras versões veiculadas na imprensa, era mais prudente eliminar sua presença do Brasil e, consequentemente, impedir qualquer ação política de organização dos integralistas.

Preso na Fortaleza de Santa Cruz, recebeu em 7 de junho de 1939 a visita de seu amigo banqueiro Alfredo Egídio de Sousa Aranha. Este, por intermédio de seu primo, o então ministro das Relações Exteriores Osvaldo de Sousa Aranha, transmitiu a notícia de que o líder dos integralistas partiria em breve para o exílio. Os planos do Estado Novo em relação a Plínio Salgado estavam definidos.

O chefe integralista tinha certeza de um rápido acordo com Getúlio Vargas e acreditava que a prisão e a saída do Brasil seriam temporárias. Planejava um autoexílio na Argentina, pois, ao lado do Brasil, seria mais fácil o estabelecimento das relações familiares e de possíveis acordos políticos. No entanto, os planos eram outros. Após uma negociação entre os governos de Getúlio Vargas e António de Oliveira Salazar, tendo como intermediários do processo o embaixador português no Brasil Martinho Nobre de Melo e o próprio chanceler Osvaldo Aranha, o caminho de Plínio estava traçado para Portugal.

Seu tempo no Brasil estava terminando, e os preparativos da viagem foram iniciados. No cárcere desde o dia 30 de maio, pediu para se despedir de todos os familiares. Questões pessoais precisavam ser tratadas, pois a mudança tendia a ser por um longo prazo. Em 16 de junho, recebeu a visita de um alfaiate para que pudesse ser recepcionado em grande estilo em Lisboa. Em 20 de junho, já tinha certeza do embarque, como ele contou: "Fui avisado de que virá na barca da manhã o funcionário da Polícia trazer-me o passaporte, a passagem e os atestados de vacina."

O exilado vive em uma situação desconfortável, longe do seu país e com relações limitadas. Portugal era um espaço aberto para o líder integralista. Havia muitas relações de amizade no núcleo conservador. Getúlio Vargas entendia que, com um governo ditatorial, como o de António de Oliveira Salazar, Plínio Salgado não representaria perigo à ordem vigente.

Assim, ao lado de dona Carmela, saiu do Brasil em 22 de junho de 1939 e desembarcou no cais de Alcântara, em Lisboa, em 7 de julho. O líder dos integralistas oficialmente não era um exilado político, apesar de discursar aos militantes de que era um refém da ditadura getulista. Ao solicitar autorização de residente ao governo português em questionário de viagem, foi perguntado o motivo do requerimento. Plínio Salgado respondeu, de próprio punho, que estava em Portugal para turismo e tratamento de saúde ao lado da esposa. Foi um autoexílio até 1946, momento fundamental para a reestruturação do integralismo brasileiro.

Plínio e Carmela com o secretário Hermes Lins e Albuquerque em Lisboa

Fonte: Arquivo Público Histórico de Rio Claro — Fundo Plínio Salgado.

A chefia tríade estava desfeita. Era apenas Plínio. Uma nova fase do integralismo estava sendo iniciada. Hermes Malta Lins e Albuquerque, integralista e seu secretário particular, foi fundamental para a estada em Portugal. Sua função não era organizar somente questões relacionadas com sua vida privada, mas também para auxiliar nos contatos políticos, como Plínio contou à sua filha Maria Amélia, que ficou no Brasil: "O Lins e d. Rosa apresentam-nos vários rapazes da nova geração portuguesa. Nós aqui vamos nos ambientando e estendendo, dia a dia, a teia de novas relações."

Em inúmeras correspondências, trocava informações e debatia o futuro com o genro Loureiro Júnior, além de diversos membros da família e militantes, como Raymundo Padilha, Gustavo Barroso, Genésio Pereira Filho, o sobrinho Genesinho, a irmã Irene, entre várias pessoas que escutaram de Plínio seus planejamentos políticos no período de ausência do Brasil.

Para Plínio Salgado, existiam três possibilidades de ação: tentativa de um acordo rápido com Vargas, propiciando um retorno ao Brasil, possibilidade de uma aliança com a Alemanha nazista no contexto da Segunda Guerra Mundial e formação de um "novo caminho" voltado para um discurso religioso, mas mantendo a conotação política.

Nos primeiros meses em Portugal, dividia seu tempo entre relações com os portugueses e negociações com o Brasil, visando a um rápido retorno. Buscava contatos com todos os grupos. Dialogava e fazia política com o conservadorismo português, fossem eles a favor ou contra o governo Salazar. Tais atividades o transformaram em alvo de olhares investigativos da polícia política portuguesa, a Polícia de Vigilância e Defesa do Estado (PVDE), e da Legião Portuguesa, uma organização nacional, uma espécie de milícia, que estabelecia ações investigativas de forma extremamente organizada. Apesar disso, ele não representava perigo à estabilidade do regime salazarista, pelo contrário, seu discurso conservador, anticomunista e cristão era um elemento de coincidência com o que estava acontecendo em Portugal desde 1933, quando foi implementado o Estado Novo.

Plínio tinha tanta certeza de um acordo rápido com Vargas que viveu muitos anos em hotéis e casas mobiliadas, para não ter a preocupação do que fazer com os móveis em caso de partida rápida para o Brasil. O início da vida em Portugal foi marcado por alguns problemas de saúde, o que resultou em seu afastamento de Lisboa e, consequentemente, do centro político e cultural: "Estive realmente mal, fui assaltado por um congestionamento pulmonar." Passou recluso no distrito de Viseu, inicialmente em Abrunhosa do Mato, e, em seguida, foi para o centro do país, em Mangualde, também no distrito de Viseu.

Esse afastamento representava uma pausa em qualquer possibilidade de ação do movimento integralista. É o período de um Plínio Salgado sem direção. Suas ações ocorreram de forma discreta. Tentava de todas as formas barganhar com o governo brasileiro. Dizia que aceitava um acordo, mas Vargas não tinha interesse algum pela presença de Plínio Salgado no Brasil. Em razão disso, partiu para outra investida: os nazistas. A relação dos integralistas com os nazistas não era nenhuma novidade. Em todo o período da legalidade da AIB, havia uma aproximação entre os dois grupos, que possuíam muitas relações e algumas semelhanças.

Em Rio do Sul (SC), sedes da AIB e do Partido Nazista, lado a lado

Fonte: *O punhal nazista no coração do Brasil* (Antonio de Lara Ribas, 1944).

Com o avanço do nazismo a partir de 1933, Adolf Hitler iniciou ações relacionadas com o expansionismo territorial e político, que culminaram, em 1939, com o início da Segunda Guerra Mundial. No projeto de expansão doutrinária, Portugal era um alvo, principalmente pelo grande número de alemães residentes no país, entre os quais Erich Emil Schröder, que ocupava a posição de assistente científico da Ligação. Residente em Estoril, era delegado da polícia alemã em Lisboa e possuía uma atuação marcante em Portugal. Foi o suficiente para chamar a atenção de Plínio Salgado. Como era necessária uma atuação extremamente discreta, pois associar-se ao nazismo seria lutar contra o Brasil, delegou ao secretário particular, Hermes Lins e Albuquerque, a aproximação com os nazistas alemães.

No fim do ano de 1941, dois jornalistas alemães, conhecidos por Bragard e Baron, apresentaram Erich Schröder a Plínio Salgado e Hermes Lins e Albuquerque. Havia um grande interesse em uma relação com Hitler. Falando ao confidente e amigo Ribeiro Couto, Plínio afirmou que a aproximação era "o começo de uma salvação universal". Enxergou no nazismo uma solução capaz de alcançar o poder no Brasil. Após uma série de encontros sigilosos entre Erich Schröder e Plínio Salgado, ficou acordada uma reunião em Portugal com um grande representante da SS, a organização paramilitar ligada ao partido nazista e a Adolf Hitler.

Em uma viagem de serviço a Berlim, Schröder abordou esse assunto com o oficial da SS Walter Schellenberg, que foi ao encontro de Salgado na primavera de 1942. Entre vinhos e cervejas, tiveram uma reunião secreta sobre as possibilidades de relações entre o líder integralista e os nazistas. Plínio sugeriu a esperança de uma intensa colaboração entre integralistas e nazistas depois de a Alemanha ganhar a guerra. A intenção era clara. Buscava o reconhecimento dele como a grande força política no Brasil que estaria associada à vitória do Eixo — Alemanha, Itália e Japão —, uma vez que Vargas demonstrava a entrada ao lado dos aliados — após acordos com os Estados Unidos. Era uma aposta arriscada, por isso a manteve em segredo.

Schellenberg demonstrou um grande interesse nessa associação, com o objetivo de transportar a política nazi para o Brasil e, consequentemente, a América do Sul. Prometeu conseguir todo o apoio ao movimento integralista depois da vitória alemã. Para isso, o oficial da SS afirmou nomear um agente entre ele e Salgado: Adolf Nassenstein, que chegou a Lisboa no verão de 1942. Com isso, visava levar para Berlim o maior número de informações referentes ao integralismo e ao líder. Nesse intervalo de tempo, porém, os planos de Plínio Salgado foram amplamente modificados. Em 1942, Nassenstein foi denunciado ao governo de Salazar, pela embaixada inglesa em Portugal, com a alegação de que alguns portugueses e alemães estavam em atividades de espionagens nazistas em território português.

Ao deixar público o elo entre integralistas e nazistas, não restou dúvidas a Plínio Salgado. Eliminou imediatamente o projeto e passou a negar qualquer tipo de ação a favor do Eixo, uma vez que essa posição o transformava em opositor tanto do Brasil quanto de Portugal. Sem acordo com Vargas e Hitler, buscou o estabelecimento de um discurso seguro e incontestável para a reconstrução do integralismo: o cristianismo e a utilização da palavra de Deus como justificativa de práticas políticas.

O integralista sempre se ancorou no catolicismo como forma de conforto e necessidade. Nos momentos difíceis, a religião servia como suporte para o fortalecimento de Plínio Salgado. Ao estar foragido em 1939, iniciou a criação da sua principal obra espiritual, *Vida de Jesus*, e com ela estabeleceu uma nova fase política baseada no cristianismo português, um país de fertilidade católica, onde percebeu a existência de uma possibilidade de ascensão intelectual.

Em Portugal, buscou uma nova forma de desenvolver o discurso integralista. Era o tempo da "renovação" política. No contexto da Segunda Guerra Mundial, era necessária uma forma de sobrevida na sociedade política portuguesa e brasileira. Plínio Salgado passou a ser classificado como um teólogo, responsável por promover reflexões de ordem cristã. Passou a proferir muitas conferências e escreveu dezenas de livros. Afirmava que estava em busca de uma imagem religiosa e propagadora da paz, quando, no entanto, o teor político continuava vivo. Por intermédio da religião, atingiu um novo público e passou a ser reconhecido em Portugal. Essa nova postura contribuiu para a reformulação do integralismo, que no Brasil não possuía ações relevantes, uma vez que o Estado Novo de Getúlio Vargas agia de forma implacável.

Os camisas-verdes e as blusas-verdes, ao mencionarem o período do exílio, utilizavam com frequência termos como "apóstolo", "profeta" e "evangelista" para caracterizar Plínio Salgado. "Quem é preso por defender Deus, a pátria e a família, sendo fiel à Doutrina Social Católica, indubitavelmente, merece ser chamado de apóstolo!", afirmou, em 1999, o padre Luiz Gonzaga do Carmo.

A blusa-verde Augusta Garcia Rocha Dorea foi ainda mais enfática em sua definição: "O apostolado religioso de Plínio se expandiu mais intensamente em terras de Portugal, quando lá viveu os sete anos de exílio, sendo considerado, pelos lusitanos, o quinto evangelista."

Com o título de conde, Alberto de Monsaraz, um dos líderes do integralismo lusitano e um camisa-azul no Movimento Nacional-Sindicalista, grupo fascista português, exaltava publicamente Plínio Salgado:

Vox Dei
(a um quinto evangelista)

Pelo Conde de Monsaraz

Como é, Senhor, volvidos dois mil anos,
Que se ergue, assim, num século infernal,
Pregando o Amor e o Bem pelo ódio ao Mal,
Novo evangelho em novos meridianos?

Um homem, Plínio, nome de romanos,
Com raízes na selva equatorial,
Trouxe-o agora, em pacífico sinal,
Aos homens destes tempos desumanos.

Jesus chamou-o, como a João e a Pedro,
E disse-lhe: — Onde em espírito não medro,
Vai, semeia a magnífica semente...

És meu discípulo hoje, nesta hora
Em que só não me ama é que não chora
"Faze que chore e que ame toda a gente!"

O pensamento político-religioso do exílio e as relações estabelecidas em Portugal, no nível do discurso cristão, foram fundamentais para a cristalização de uma "nova" doutrinação, embasada, sobretudo, no efeito do cristianismo e assim mascarando a doutrina integralista e a tônica fascista.

O término do ano de 1944 foi um momento revelador para a compreensão dos caminhos do integralismo. Passou a existir a defesa de uma política baseada nos componentes presentes na Democracia Cristã portuguesa. Esta passou a ser a ideia central do discurso de Plínio Salgado, que precisava de um tom democrático. O momento da década de 1940 fornecia-lhe a necessidade de criar uma imagem pública diferente da que tinha na década anterior, mas sem radicalizar sua concepção política. A resposta veio com uma doutrina pautada na democracia cristã, mas em torno da concepção idealizada em Portugal e defendida nos preceitos do regime de Salazar, que nada tinha de democrática, a não ser o próprio nome.

Houve uma alteração do rótulo. Se antes os integralistas tinham os comunistas e liberais como principais inimigos, agora havia um novo inimigo, o fascismo. Um discurso bem conveniente em uma sociedade, como a brasileira, que buscava a democracia contra as práticas autoritárias, principalmente com a crise do Estado Novo.

Com a aproximação do fim do regime de Getúlio Vargas, Plínio Salgado teve, como consequência natural, o regresso ao Brasil. Havia a necessidade de manter a base organizacional do cristianismo e o estabelecimento de uma versão "Plínio pós-guerra", o que representaria uma nova versão do integralismo brasileiro.

Plínio Salgado e António de Oliveira Salazar

Fonte: Acervo AIB/PRP-Delfos/PUCRS.

Foram desenvolvidas práticas intelectuais em torno de uma concepção cristã pensando na consolidação de uma nova composição política pela Democracia Cristã; assim Plínio passou a articular-se politicamente para a formação de um novo partido integralista, o Partido de Representação Popular (PRP). Para o sucesso do projeto, havia um modelo exemplar a ser seguido: António de Oliveira Salazar.

O retorno de Plínio Salgado e a formação do PRP

Após o período em Portugal, em que o integralismo foi restruturado, Plínio Salgado tinha em mente um novo projeto para o poder. Apesar de não ter a mesma força de antes, alcançava certa projeção no cenário nacional pelo PRP. Nesse momento, o Brasil estava saindo de uma ditadura e caminhando para uma desconhecida democracia. No país havia uma ampla campanha do Estado Novo contra o integralismo. Uma rearticulação integralista não era simples, pois existia um clima acentuadamente hostil contra os camisas-verdes. A imprensa brasileira, frequentemente, utilizava as páginas para o estabelecimento de acusações, críticas, chacotas e em busca de um apoio anti-integralista. Com a participação do Brasil na campanha da Itália na Segunda Guerra Mundial, a oposição ao fascismo ganhou proporções inimagináveis, conseguindo mobilizar intelectuais, movimentos sociais e até mesmo liberais, comunistas e socialistas em fervor patriótico. "Abaixo o PRP! Viva os trabalhadores!", era o grito presente em manifestações em defesa de democracia e liberdade.

Plínio julgava que seria possível transferir o sucesso que alcançou em Portugal no novo projeto político e cristão. A proposta de utilizar a religião com uma finalidade política não era uma exclusividade dos integralistas. Antigos aliados, mas agora em lados opostos, Alceu Amoroso Lima foi um grande incentivador do Partido Democrata Cristão (PDC), alternativa ao PRP.

No exílio, Raymundo Padilha passou a ter autonomia para tomar ações sem consulta prévia de Plínio. Nesse sentido, cabe apontar a figura de Padilha como um dos principais articuladores do retorno do integralismo à política brasileira. As instruções eram enviadas por Salgado e aplicadas no Brasil. Em 1945, enviou o *Manifesto-diretiva*, em que expunha a reorientação doutrinária do integralismo, destacando seu caráter espiritualista, anticomunista e com um discurso contrário ao fascismo.

A imprensa estava atenta aos acontecimentos, como o *Diário de Notícias*, que analisou a orientação de Plínio Salgado aos militantes: "que sejam postos de lado os símbolos que identificavam os componentes do *Sigma*, bem como que seja abolido o famoso *Anauê*, mantidos, porém, os princípios — Deus, pátria e família". Esse é o documento que assinala a mudança da trajetória de Plínio Salgado e, consequentemente, do integralismo.

Quinze dias após a publicação do *Manifesto-diretiva* na imprensa brasileira, fundou-se o PRP, em setembro de 1945, a 50 dias das eleições. Apesar de a realização da Primeira Convenção Nacional do PRP ter ocorrido no início do mês de novembro no Rio de Janeiro, não se definiu apoio a nenhum candidato presidencial. Quinze dias antes das eleições, o partido resolveu seguir com a candidatura do general Eurico Gaspar Dutra, embora não tenha feito oposição à candidatura do brigadeiro Eduardo Gomes, da União Democrática Nacional (UDN). O apoio a Dutra fazia parte de uma estratégia para obter ajuda na legalização do PRP. De qualquer forma, foi um acordo curioso, pois Dutra foi o candidato apoiado por Getúlio Vargas e que representava a continuação do legado do Estado Novo, o mesmo que desestruturou a AIB.

Por ser um partido novo e sem a presença do principal cabo eleitoral, Plínio Salgado, o resultado do PRP foi inexpressivo. Apresentou 147 candidatos a deputado federal, além de ter apoiado a candidatura de Goffredo da Silva Telles, pelo Partido Social Democrático (PSD) em coligação com o PRP. Foi o único eleito. Com uma campanha de ataque ao comunismo, fez alguns acordos e participou de 11 chapas em 22 estados.

Com a fundação do PRP e a realização das eleições, o Brasil era visto como seguro para o retorno de Plínio Salgado. Entretanto, o clima não era o melhor para o recebimento do líder integralista. O passado e a associação direta com o fascismo não eram esquecidos por grupos políticos e sociais, promovendo dificuldades. Além disso, as rupturas com os antigos líderes contribuíram para o enfraquecimento do novo projeto.

"Noticia-se que Plínio Salgado, que há muitos anos vivia em Portugal, vai regressar ao Brasil. Fixando residência, possivelmente, em São Paulo." Essa reportagem do *Diário de Notícias* criou um clima de alvoroço na capital paulista. Ela continua:

> A população paulista já se mostra totalmente indignada com a próxima vinda do sr. Plínio Salgado para o Brasil. O povo bandeirante está disposto a demonstrar o seu descontentamento, caso seja confirmada a vinda do antigo dirigente da Ação Integralista Brasileira. Fala-se mesmo que os estudantes paulistas já estão tratando da realização de diversos comícios de protesto.

A repulsa ao integralista era intensa, e todos os seus atos eram alvos de críticas. Nesse panorama, Plínio Salgado regressou ao Brasil, com sua esposa Carmela Salgado, sem muitos estardalhaços. Carmela conta um pouco como foi esse retorno:

> Voltamos em 16 de agosto de 1946. Sete anos depois de estarmos exilados, voltamos para o país. O Plínio começou, eu o acompanhando sempre, a viajar pelo Brasil, explicando aos nossos amigos o que tinha ocorrido nesse período. Viajamos o Brasil todo. Desde o Amazonas até o Rio Grande do Sul. Foi quando ele organizou o PRP.

Plínio nunca mais foi o mesmo. O retorno foi de um homem marcado pela angústia. O integralista foi uma liderança em um momento auge da década de 1930. Após esse período de euforia nacionalista baseada no fascismo, não atingiu mais nenhum esplendor, transformando-se em um político comum e, muitas vezes, solitário e esquecido pela sociedade. Com o novo partido, a proposta era reestruturar as "glórias do passado" com o agrupamento dos militantes em torno do líder, mas não havia muitas saudades de Plínio no Brasil, ao contrário de Portugal, que lamentava a partida do integralista — o quinto evangelista.

Plínio Salgado e o PRP: construção fascista democrática

Renegado pelos paulistas, Plínio Salgado fixou residência no Rio de Janeiro. Após morar um curto tempo no Alto da Boa Vista, ao lado de Carmela, alugou um apartamento na rua São Clemente, n. 158, em Botafogo. Era visto com frequência tomando café e comendo doces na Casa Imperial, tradicional confeitaria do bairro. Não tinha uma vida sem atividades políticas. Plínio era a centralização do integralismo e possuía projetos ambiciosos com o PRP.

No dia 27 de outubro de 1946, vivendo há alguns meses na capital, deixou sua casa na Zona Sul e se dirigiu à Cinelândia, e ao lado de outros integralistas discursou no Teatro Municipal. Era a Segunda Convenção Nacional do partido. Na solenidade, foi aprovada a *Carta de princípios*. A importância da família na organização da sociedade e de Deus como a maior hierarquia possível guiava a tendência do PRP, proposta próxima do antigo integralismo.

Por mais que tentasse negar publicamente um papel de liderança — parte de uma estratégia política —, não conseguia desvincular-se da imagem de chefe. Não havia alternativa. Foi aclamado como presidente do PRP, estabelecendo a transição de chefe nacional a presidente de partido. Ele esclarece:

> Era meu firme propósito não aceitar esse posto, porque desejava, antes, como simples eleitor, cooperar. Partindo, porém, de minha casa para as minhas orações matinais na Igreja mais próxima, ali tive o grande conforto espiritual de meditar um pouco sobre a data que coincidia com a da eleição do partido e da posse mesmo de sua diretoria. Era a data, amigos, de Cristo Rei!

A estrutura interna do PRP possuía, obviamente, Plínio Salgado como posição central, com um eficiente controle partidário, não permitindo qualquer contestação. Foi candidato único em todas as eleições para a Presidência do partido até a extinção em 1965. O PRP se colocava como o herdeiro do legado integralista. O partido buscou uma consolidação interna e precisava demonstrar certo caráter democrático, buscando apagar as imagens do passado.

Além de uma nova doutrina política, ocorreu uma modificação simbólica, abandonando os rituais, que eram tão sólidos no cotidiano da AIB. Esses aspectos faziam parte do cotidiano do militante. "A AIB era ordem e ordem. Agora não, agora o troço era mais democrático, mais à brasileira", dizia Mário Maestri, dirigente do PRP do Rio Grande do Sul, um dos principais polos do partido. Guido Mondin, eleito senador pelo PRP no estado gaúcho, reflete sobre a relação. "O PRP reuniu o quê? Reuniu os integralistas. Porque se a doutrina não era a mesma, não tinha a força, não tinha a ampliação, o PRP, inegavelmente, é fruto do integralismo. Tanto é que o pessoal quando faz referência ao PRP, na realidade, é aos integralistas."

Nas eleições parlamentares, o PRP obtinha em torno de 300 mil votos, em média 3% do eleitorado, o que era o suficiente para eleger alguns deputados. Esses eleitores eram basicamente os mesmos da época da AIB: classe média, comerciantes e profissionais liberais. O nacionalismo ainda era mantido, como nos anos 1930, mas com uma grande diferença, pois havia relações e associações a correntes internacionais, principalmente dos Estados Unidos, no contexto da Guerra Fria. A defesa do nacionalismo ficou mais restrita a atos simbólicos em torno de medidas patrióticas.

Ao longo de sua existência, o PRP apresentou resultados eleitorais modestos em comparação aos grandes partidos nacionais — PTB, PSD e UDN. Apesar do pouco impacto eleitoral, o partido assumiu alguns momentos de protagonismo no avanço político brasileiro.

Em plena Guerra Fria, discursar contra o comunismo promovia bons resultados, ainda mais com um componente espiritualista. No entanto, havia um clima hostil de parte da sociedade pela reinserção do integralismo. O desafio de Plínio Salgado era mostrar ser democrático e adaptado à nova ordem vigente. A medida tomada como garantia foi a constituição de uma política de alianças, mudança que nem sempre era bem-vista pelos militantes, principalmente por aqueles que viveram a fase da AIB. Isso fica claro na declaração do antigo dirigente da AIB e do PRP Emilio Otto Kaminski: "O partido se tornou mais como um partido verdadeiramente. Ele tinha que seguir a orientação da legislação, aderir à legislação existente; então, determinadas coisas que a AIB fazia, como: tinha milícia, é lógico que o PRP não ia ter milícia mais. Tanto que o Plínio Salgado, muitas vezes, dizia: – o PRP não é a Ação Integralista Brasileira."

O próprio Plínio Salgado justificava a necessidade de alianças e a busca de um novo rótulo do partido: "Essas alianças demonstram que, no fundo de suas consciências, os partidos como o PSD, a UDN, o PTN, o PR, o PSP, o PDC consideram o PRP um partido de verdadeiros democratas, de patriotas, com livre trânsito na República."

À medida que a eleição presidencial se aproximava, o PRP se preparava para negociar seu apoio a um dos candidatos presidenciais em condições vantajosas. O partido estava inserido no jogo político. Nesse contexto, Plínio Salgado escolheu apoiar o brigadeiro Eduardo Gomes, candidato da UDN, que, segundo ele, era "um dos brasileiros mais dignos dos sufrágios dos seus compatriotas". Nas negociações políticas, recebeu Gustavo Capanema, em nome do PSD, que possuía uma proposta, algo que Plínio conhecia muito bem. O projeto era ter um ministério caso o PRP estivesse ao lado de Vargas. No entanto, a história de 1937 mostrou a Plínio Salgado qual atitude tomar, por isso, sem dúvidas, decretou apoio ao candidato da UDN.

O ano de 1950 foi marcante para o PRP, pois, pela primeira vez, Plínio Salgado seria candidato pelo novo partido e, sobretudo, com uma política de alianças. No Rio Grande do Sul, a formação de uma frente conservadora reunindo PSD e UDN tornou possível obter o apoio para a candidatura de Plínio Salgado ao Senado pelo estado gaúcho.

O passado era implacável. A candidatura foi muito criticada pelos adversários políticos, principalmente pelo PTB. O PRP era acusado pela oposição de representar o fascismo herdado da AIB. O PTB publicou no *Diário de Notícias* o seguinte manifesto: "Rio Grande que luta [...] pela reintegração [...] contra vergonhosos conchavos políticos [...] fazendo do sr. Plínio Salgado, chefe da 5ª coluna no Brasil, candidato a senador da República." As críticas fizeram com que o PSD reagisse, demonstrando o cristianismo e nacionalismo de Plínio Salgado: "Nós, pessedistas, batalharemos pela vitória de Plínio Salgado nas urnas. Nós também defendemos as ideias cristãs, nacionalistas e democráticas, esposadas pelo nosso candidato a senador."

Plínio Salgado perdeu as eleições. Com uma ampla margem, foi eleito o trabalhista Alberto Pasqualini, seguindo o resultado partidário do executivo, que definiu Getúlio Vargas como o novo presidente do Brasil. Plínio Salgado, obviamente, estabeleceu um forte sentimento antivarguista, associando o novo governo ao antigo Estado Novo. Nesse momento, o partido estava mais organizado. Plínio Salgado sabia muito bem que, para manter a militância viva, havia um bom caminho a ser seguido, da idolatria e obediência ao líder nacional do PRP, além, claro, de continuar nutrindo um sentimento anticomunista.

Fotografias de Plínio Salgado eram comercializadas dentro do partido. Ritos eram realizados em homenagem ao presidente do PRP. Havia cerimônias na ocasião da instalação de retratos de Salgado nas sedes do partido, bem semelhantes ao que foi aplicado à época da AIB. Nessa ocasião específica, cumpria a um antigo integralista discursar e a um novo militante do PRP descobrir a imagem de Plínio Salgado, que estaria sob a bandeira nacional.

Vários foram os elementos de convergência e divergência entre AIB e PRP. No que se refere à parte simbólica, Plínio Salgado deixou o *Anauê!*, a camisa verde e os outros símbolos de lado e inseriu como símbolo maior do PRP o sino de prata, que representaria uma espécie de alerta contra os males que rondam o Brasil.

Plínio Salgado apresenta o Sino de Prata, símbolo do PRP

Fonte: Arquivo Público Histórico de Rio Claro — Fundo Plínio Salgado.

O sinal ainda era usado no início das reuniões partidárias. Havia um objetivo de continuidade. A mística partidária do PRP era um dos carros-chefe da Secretaria Nacional de Propaganda, órgão de grande importância dentro do aspecto organizativo do partido. Os atos simbólicos do partido eram rigidamente definidos, tais como: a organização das mesas de reuniões partidárias, a decoração de todas as sedes do PRP, a forma como seriam realizadas as trocas de correspondências dentro do partido — que deveriam ser iniciadas com "Por Cristo e pela Nação" e finalizadas com "Pelo bem do Brasil", a execução do hino *Avante!* no início de cada reunião, assim como o Hino Nacional — como no tempo da AIB, mantendo a execução somente da primeira parte.

Da mesma forma que a AIB, o PRP utilizou a imprensa como principal veículo de propagação de seus ideais. Existiram vários jornais, entre os quais destacam-se a *Reação Brasileira*, que circulou entre 1945 e 1946, o semanário *Idade Nova*, publicado nos anos de 1946 a 1951, e o principal deles, o informativo-doutrinário *A Marcha*. Para viabilizar as 473 edições que circularam entre 1953 e 1965, Plínio Salgado buscou financiamento no Serviço Social da Indústria (Sesi) de São Paulo. Argumentou aos industriais que esse auxílio financeiro seria compensado pelo anticomunismo presente na publicação. A ajuda financeira não veio, mas a campanha entre os militantes foi bem-sucedida. *A Marcha*, editada pelo integralista Gumercindo Rocha Dórea, se transformou na principal voz do integralismo no período.

Antes de ter "Uma câmera na mão e uma ideia na cabeça", o cineasta Glauber Rocha, autor de *Deus e o Diabo na terra do Sol* e *Terra em transe*, foi um dos muitos jovens águias-brancas, como eram chamados os participantes da Confederação dos Centros Culturais da Juventude (CCCJ), presidido por Gumercindo. O PRP incentivava a criação de uma série de organizações extrapartidárias com o objetivo de convocar e capacitar os filiados na doutrina. Os Centros Culturais da Juventude (CCJ), lançados publicamente em 1952, constituíram a mais vasta organização extrapartidária criada pelo PRP. Os centros desenvolviam atividades como a promoção de comemorações cívicas e de palestras sobre assuntos doutrinários e políticos, a organização de grupos esportivos, disputa de entidades estudantis, além do desenvolvimento de cursos de combate ao comunismo, ou seja, a "comunologia".

A promoção de palestras e reuniões de estudos ocupava lugar central em suas atividades, contando inclusive com a participação de não integralistas, como o general Eurico Gaspar Dutra, e de alguns ex-militantes, entre os quais Miguel Reale. A fundação da CCCJ marcou o aniversário de 20 anos do lançamento do *Manifesto de outubro*, sendo esse fato considerado por Plínio Salgado uma resposta dos integralistas aos órgãos e às estratégias de doutrinação utilizadas pelos comunistas com a juventude.

Plínio Salgado em reunião da União Operária Camponesa do Brasil

Fonte: Arquivo Público Histórico de Rio Claro — Fundo Plínio Salgado.

No PRP existia uma série de outros grupos, como a União Operária e Camponesa do Brasil (UOCB), voltada à associação de trabalhadores, e a Ação Patriótica das Mulheres Brasileiras, mas nenhuma delas teve êxito. Os integralistas também criaram a Organização de Serviço, Imprensa e Propaganda (Osip), com vistas a espionar comunistas e promover a infiltração de agentes integralistas nos movimentos populares, dos partidos e das organizações de esquerda. A Osip produzia relatórios para comprovar o perigo vermelho. Havia um projeto estruturado contra o comunismo, assim como uma polarização presente na vida de cada militante, "Porque inimigo figadal mesmo era comunismo e integralismo. Esses eram irreconciliáveis. Nós não admitíamos nenhuma ligação, nem de amizade".

No ano de 1949, foi criada a Livraria Clássica Brasileira, uma editora que tinha como um dos acionistas Plínio Salgado. Em torno desse projeto anticomunista, banqueiros e industriais participavam, de forma assídua, da editora. O fundador do Banco Mercantil de São Paulo, Gastão Vidigal, e o fundador do Senai e do Sesi, Euvaldo Lodi, foram alguns dos grandes incentivadores do projeto de Plínio Salgado. A editora foi uma das grandes armas de Plínio para a doutrinação integralista no pós-exílio. Até 1955, tinha lançado 41 títulos, sendo nove de Plínio Salgado, 12 traduções de obras anticomunistas europeias e norte-americanas e 20 obras diversas.

Em 1956, a Livraria Clássica Brasileira apresentou o livro *Doutrina e tática comunista*, em que Plínio propunha uma análise do comunismo para a compreensão da doutrina, visando assim ao combate e à destruição pela força do espírito. Um projeto anticomunista extremamente debatido com outros grupos conservadores, gerando inclusive alianças e financiamentos.

Com preço de vendagem entre Cr$ 150,00 (cento e cinquenta cruzeiros) em formato brochura e Cr$ 200,00 (duzentos cruzeiros) em formato encadernado/capa dura, entre outubro de 1957 a março de 1961, foi colocado em prática o principal projeto editorial da Livraria Clássica Brasileira, a *Enciclopédia do Integralismo*. Era um projeto ambicioso com 25 volumes, mas que, por questões financeiras, foi encerrado no 12º volume. A coleção tinha como objetivo apresentar o que os integralistas chamavam de "resumo da ópera do movimento".

Em novembro de 1962, um incêndio de grandes proporções no prédio, causado por um curto-circuito em um frigorífico que funcionava no andar abaixo, destruiu completamente o estoque da editora. O alto custo do papel acarretou uma situação financeira difícil para a editora. Assim a tragédia, vista por Plínio Salgado como uma providência divina, resolveu o problema das edições encalhadas.

Os integralistas utilizavam todos os meios possíveis para alcançar a sociedade, principalmente para demonstrar o suposto lado democrático do movimento. Com um programa de rádio do PRP, mensagens anticomunistas e espiritualistas eram transmitidas em ondas longas pela rádio Tupi e em ondas curtas pela Tamoio, ambas do Rio de Janeiro. O ponto máximo da radiodifusão ocorreu em 1955 e, posteriormente, em 1957 e 1958, quando Plínio Salgado teve um programa na rádio Globo. Ele abordava temáticas sobre anticomunismo, cristianismo, nacionalismo e algumas questões ligadas às eleições do legislativo. Voltou a ter um programa em 1961, na rádio Difusora de São Paulo do Assis Chateaubriand, o que levou o integralista a ser um articulista dos *Diários Associados*.

A organização do partido era controlada e tinha a ordem suprema de Plínio. A afirmação integralista do momento era a defesa pública de uma democracia, no entanto ela não era tão visível no interior partidário. A necessidade de transpor uma imagem democrática obrigava Plínio Salgado a todo momento discursar sobre o assunto.

No período de 1951 a 1961, o jornalista Arnaldo Nogueira comandou o programa *Falando Francamente* na TV Tupi do Rio de Janeiro, sendo o primeiro *talk show* da televisão brasileira que contava com a participação dos telespectadores, que podiam fazer perguntas ao vivo por telefone. Na década de 1950, o convidado foi, justamente, o presidente do PRP, Plínio Salgado.

Foi muito difícil viabilizar o programa, pois para que um programa fosse veiculado, era preciso publicidade, e a relação de Plínio com o fascismo afastou os patrocinadores. O jornalista contou com o apoio do diretor das Casas Olgas, loja de meias femininas, que financiou o programa, sendo um sucesso de audiência, com 70% dos telespectadores aprovando a entrevista. Ele foi submetido a diversos questionamentos, muitos sobre o passado na AIB. Um telespectador tentou colocar o entrevistado em uma encruzilhada ao perguntar: "Na sua opinião, qual o maior: Hitler, Mussolini ou Roosevelt?" Em sua resposta, não isentou nenhum dos líderes mundiais, ressaltando a propaganda do integralismo no pós-guerra como antitotalitário, antiliberal, anticomunista e democrático.

Essa necessidade constante de convencimento sobre a democracia e as mudanças políticas nacionais gerou uma instabilidade partidária. Apesar do esforço de Plínio e do PRP, muitos militantes criticavam a política de alianças, e a oposição interna tornou-se cada vez mais forte. Após a crise que resultou no suicídio de Getúlio Vargas, em agosto de 1954, Plínio Salgado enviou telegramas repletos de gentileza e cordialidade para Café Filho, mas o novo presidente ignorou as ofertas e o apoio do integralista.

Nesse período, Plínio viajou o Brasil inteiro. Percorreu cerca de 200 cidades, discursando em ocasiões como formaturas de colégios, reuniões de sociedades de agricultores, associações femininas e faculdades de direito. O objetivo era divulgar as propostas e consolidar uma autoimagem de defensor dos pobres e de um político que não se resumia aos partidos. O contato popular tinha como propósito a divulgação ainda mais intensa dos ideais doutrinários e anticomunistas de Plínio Salgado. Era uma estratégia bem montada para promover a união dos militantes em um projeto arrojado: a candidatura à Presidência da República.

Para presidente do Brasil: Plínio Salgado — as eleições de 1955

O homem vem aí
Está na hora de mudar
Vem o Plínio Salgado
Pro Brasil endireitar

Vai ser uma barbada
Na hora do vai não vai
O homem da garoa
Balança mais não cai

Com esse *jingle*, o PRP alcançou o auge, com a candidatura de Plínio Salgado à Presidência da República, obtendo 714.379 votos (8,3% do total), o suficiente para empolgar os simpatizantes com a maior votação da história integralista. A candidatura buscava a unidade entre os militantes, principalmente daqueles insatisfeitos com a política de alianças. Atrás de uma independência partidária, foi realizada no Rio de Janeiro, entre 19 e 21 de março de 1955, no Palácio Tiradentes, a Convenção Nacional do PRP que oficializou a candidatura. Não houve consenso, e uma crise estava aberta, pois um dos grandes nomes do partido, Raymundo Padilha, por discordar da candidatura presidencial, rompeu com o PRP.

Material de campanha eleitoral

Fonte: Acervo AIB/PRP-Delfos/PUCRS.

Fonte: Acervo AIB/PRP-Delfos/PUCRS.

Apesar de negar uma crise partidária, Plínio não conseguia ocultar esse fato da imprensa, que acompanhava o embate: "A luta interna ameaça solapar a frágil unidade interna do PRP, já que o grêmio dirige-se em duas alas, uma pró-Plínio e outra pró-Padilha."

A candidatura estava definida desde 1954, apesar de ser um desejo que vinha desde o tempo da AIB, como ele mesmo explica:

> O meu propósito de apresentar-me candidato antecedia mesmo as manifestações de apoio que principiei a receber desde os fins de 1952. Essa minha firme convicção procedia desde que pus os pés em terra brasileira no meu regresso do exílio, em 1946, embora só mais tarde eu a revelasse. Era uma consequência lógica da campanha presidencial de 1937.

Jararaca e Ratinho, dupla sertaneja famosa por suas provocações políticas, aproveitaram para fazer uma paródia e contribuir com a crítica em relação à candidatura do integralista. Inspirados pela publicidade de um medicamento indicado para prisão de ventre, que tinha um *jingle* cantado por um barítono do coro do Teatro Municipal, de voz grossa e solene — "Pílulas de vida do doutor Ross, fazem bem ao fígado de todos nós" —, a dupla anunciou: "Plínio Salgado, quando abre a voz, faz mal ao fígado de todos nós."

Era um novo momento político, e Plínio Salgado precisava de adaptação na realidade democrática. Uma campanha com poucos recursos — comparada com os grandes partidos — fez com que o PRP não tivesse um candidato a vice-presidente. Internamente, sabiam que não haveria chances, mas a entrada de Plínio Salgado no pleito era bem estratégica no jogo político.

Existia a intenção de promover o crescimento partidário e de si próprio. Utilizava o discurso democrata cristão como base dessa nova fase política. Havia a busca do fortalecimento da doutrina integralista. Ele afirmava: "Um partido, como o meu, é um partido de doutrina, é um partido de convicções, é um partido de programa. Quando chega a sucessão presidencial, fica ele na seguinte situação: para ser coerente com sua doutrina, com seu programa, precisaria ter um candidato próprio."

Com o lançamento da sua candidatura, a imprensa passou a questionar uma possível vitória: "Se Plínio vencer" foi a manchete de reportagem da revista *O Cruzeiro*, em setembro de 1955. Sem *Sigma* e *Anauê!*, era uma candidatura que chamava a atenção do eleitor, principalmente em um momento de crise política, após o suicídio de Getúlio Vargas. Além de Plínio Salgado pelo PRP, o pleito foi composto por mais três candidatos: Juscelino Kubitschek, pela coligação PSD/PTB/PR/PTN/PST/PRT, Juarez Távora, com a aliança UDN/PDC/PL/PSB, e Adhemar de Barros, pelo PSP.

Durante a campanha, a busca pelo eleitorado conservador acirrou os ânimos entre o PRP e a UDN. Além disso, emoções marcaram a campanha. Após tentar o pouso em uma pista de barro em Jacarezinho, no norte do Paraná, o monomotor que levava o candidato Adhemar de Barros capotou e acabou embicado na pista com a cauda para o ar. Com um corte na testa, ileso, afirmou: "Só o peru morre de véspera."

Plínio Salgado, a caminho de um comício, capotou quando estava no interior de São Paulo. O candidato saiu de Piracicaba e, como programado, foi em direção a Rio Claro — uma das principais cidades integralistas do Brasil —, onde tinha um comício marcado para às 20h. Muito atrasado, às 21h30, na entrada da cidade, o carro capotou e ficou de rodas para o ar. Plínio fraturou os ossos do nariz e do maxilar direito e feriu ainda a língua com um corte profundo. "O estado do chefe integralista não inspira cuidados. Terá o sr. Plínio Salgado, contudo, de permanecer em repouso por três dias", noticiou o *Correio Paulistano*. Nada grave.

Houve certa mobilização em torno de sua candidatura. Os comícios de encerramento da campanha se constituíram em atos populares, reunindo 90 mil pessoas em Belo Horizonte e 80 mil em Curitiba. Havia um caráter popular. A campanha dizia: "Plínio Salgado é o candidato pobre."

Como em todas as eleições, havia muitas articulações e jogadas políticas. Entre os setores conservadores, propôs-se o lançamento de uma candidatura única, que reuniria o PSD, a UDN e o PRP. Plínio Salgado se opôs a essa articulação, argumentando que poderia fragilizar o processo democrático brasileiro, e reconheceu a legitimidade da candidatura de JK. Além de consolidar as credenciais democráticas do PRP, conseguiu um entendimento com Juscelino Kubitschek, que pediu para Plínio manter a candidatura, pois o ajudaria a dividir os votos dos conservadores com Juarez Távora.

A fúria na UDN foi despertada, principalmente, pelo jornal *Tribuna da Imprensa*, dirigida por Carlos Lacerda: "Plínio mente, difama e calunia, envolvendo em suas mentiras, infâmias e calúnias o general Juarez Távora. A conduta do sr. Plínio Salgado, o chefe fascista brasileiro, constitui um caso de psiquiatria." Durante a campanha, ocorreram várias denúncias de um acordo entre Plínio Salgado e JK. Apesar de negadas, o resultado da eleição revelou que os votos conservadores dados ao candidato do PRP foram decisivos para a derrota da UDN, que alcançou 30,27% do eleitorado, enquanto o vencedor obteve 35,68% e Adhemar de Barros, em terceiro lugar, terminou com 25,77% dos votos.

Plínio Salgado com Juscelino Kubitschek

Fonte: Arquivo Público Histórico de Rio Claro — Fundo Plínio Salgado.

Apesar de ter ficado em último lugar e frustrado alguns militantes mais otimistas, os dirigentes valorizaram o resultado do pleito. Com o novo governo, o PRP passou a ter um espaço na base com o ingresso dos deputados do PRP no Bloco Parlamentar da Maioria. Além disso, o acordo de JK com Plínio envolveu cargos e uma suposta compensação financeira. Após a vitória, o governo confiou aos integralistas a direção do Instituto Nacional de Imigração e Colonização (Inic) e a presidência do Instituto de Previdência dos Servidores Públicos (Ipase).

A posição de destaque adquirida pelo PRP com a candidatura de Plínio trouxe velhos fantasmas do passado: a vinculação com o fascismo. Mesmo com a participação razoavelmente bem-sucedida, percebe-se uma insatisfação de militantes em função da viva participação do partido nos arranjos da política institucional. O descontentamento com uma suposta negação à raiz integralista no PRP ocorria desde o regresso de Plínio Salgado do exílio, embora tenha se intensificado na década de 1950. O senador do PRP do Rio Grande do Sul, Guido Mondin, já no fim da vida, refletiu sobre o partido:

> O PRP tem uma sigla que não significa nada: Partido de Representação Popular, todos são de representação popular, não é verdade? Nisso nós não fomos felizes. Os fundadores do integralismo não foram felizes. Porque: o PRP — Partido de Representação Popular. Ora, todos os partidos são de representação popular, vão representar o povo no Congresso.

Jair Tavares, um dos participantes do episódio de maio de 1938 e membro do Conselho Nacional do PRP, se desligou do partido por conta de supostas negações dos princípios integralistas pelo PRP. Outros militantes chegaram a propor a criação de novas entidades que abarcariam o ideal integralista em substituição ao PRP.

Em 1956, durante uma Convenção Nacional, houve quem propusesse a transformação do nome do partido, que passaria a ser chamado Partido Integralista Brasileiro. Embora tal iniciativa tenha caído no esquecimento, as manifestações aumentaram em 1957, e isso exigia uma atitude de Plínio Salgado. Como havia confiança no PRP, sobretudo após o resultado eleitoral de 1955, a resposta encontrada foi a retomada da simbologia integralista.

Alianças e a simbologia integralista no parlamento

"Não suporto mais aquele ambiente intoxicado de mesquinhos interesses pessoais e eleitoralescos que domina o partido." Esses dizeres mostram a insatisfação existente entre os militantes integralistas com os arranjos políticos e institucionais propostos pelo PRP. Apesar da obediência a Plínio Salgado, a política de alianças era extremamente criticada, por isso uma independência partidária passava a ser a pauta para as próximas eleições.

A desmobilização era notória. A ausência de determinados princípios integralistas provocava um enfraquecimento interno e poderia gerar desavenças e prejuízos eleitorais. O diretório da cidade de São Paulo chegou a ser dissolvido em 1957, gerando forte repercussão, havendo a necessidade de uma intervenção do Diretório Nacional.

Outro fato interessante se deu após a aprovação de uma lei na Câmara que permitia a todos os deputados federais a importação de um automóvel de luxo para uso pessoal sem pagamento de impostos: A Lei Cadillac. Loureiro Júnior, deputado e genro de Plínio Salgado, adquiriu um carro, revendendo-o em seguida, o que gerou um enorme lucro. Muitas críticas foram feitas porque o PRP foi um de seus principais opositores, denunciando e combatendo o caráter imoral da lei. Com uma ação em família, Plínio Salgado nada fez contra o genro e ainda puniu os críticos do diretório.

Em 1957, o integralismo estava em festa. Era aniversário de 25 anos de fundação da AIB, o jubileu de Prata do *Manifesto de outubro*. Este foi um momento especial e marcante para acalmar e fortalecer a militância no movimento. Normalmente, os congressos nacionais do PRP eram organizados para a realização de debates burocráticos. Na maioria das vezes, buscava-se discutir aspectos internos e cotidianos do partido, mas o XVI Congresso Nacional do PRP foi diferente.

Realizado em Vitória entre os dias 26 e 28 de julho de 1957, a mesma cidade que em 1934 reuniu os militantes para o Primeiro Congresso da AIB, o XVI Congresso juntou integralistas nas dependências do palácio da Assembleia Legislativa do estado do Espírito Santo, inaugurando uma nova fase.

Com as mãos trêmulas em riste e com um ar grave e sério, Plínio Salgado leu em voz alta uma proposta aos militantes presentes. Uma orientação recebida com euforia e que defendia a volta da simbologia dos anos 1930: "O Conselho Político Nacional pede deferimento para que seja substituído o nosso atual emblema do partido pelo Sigma, símbolo de uma doutrina que nem o tempo, nem as circunstâncias haviam apagado."

A retomada do Sigma

Fonte: Arquivo Público Histórico de Rio Claro — Fundo Plínio Salgado.

O Congresso Nacional mobilizou os correligionários. O retorno do *Sigma* como emblema oficial buscava modificar o perfil do PRP. Desse modo, todos se preparavam para uma nova fase política. Com *Anauês!* e otimismo, Plínio Salgado comunicou o lançamento da sua candidatura para deputado federal.

Com grande repercussão na imprensa, os líderes do PRP planejaram outro grande momento do integralismo. Para comemorar os 25 anos do lançamento do *Manifesto de outubro* de 1932, diversas atividades foram marcadas para o mês de setembro e para a primeira semana de outubro. Atividades mobilizadoras, com exposições sobre o integralismo e muitos eventos públicos.

Rio de Janeiro, 7 de outubro de 1957. Todos os assentos do Teatro João Caetano estavam completamente lotados quando uma tocha negra empunhada por um idoso e uma adolescente fardados com vestimenta verde cruzou a passarela do salão de espera do teatro. Era o archote da geração, bastião que representava a passagem de poder das gerações do movimento que comemorava aniversário. Todos foram ver o rapsodo integralista sustentar sua retórica. Por todos os lugares do teatro, se viam simpatizantes, curiosos e desafetos de Plínio Salgado, que do alto do palco, na plenitude de seus 62 anos, ergueu o braço direito e com a mão estendida gritou para a catarse geral do salão. Mais de mil braços direitos foram erguidos. O coro foi uníssono: três *Anauês!* A saudação exclusiva ao chefe! Era a comemoração que marcaria o retorno simbólico integralista no pós-guerra.

A Tribuna da Imprensa e vários outros veículos de comunicação noticiaram e deram imensa cobertura ao evento. Os militantes estavam vibrantes. Já era possível tirar a camisa verde da gaveta e levar para casa objetos que estavam sendo comercializados, como bandejas, distintivos, flâmulas, pentes, canecas, réguas, xícaras, formas para bolo e diversos outros *souvenirs* que eram representados pelo *Sigma* com a assinatura de Plínio Salgado.

Jubileu de Prata integralista

Fonte: Arquivo Público Histórico de Rio Claro — Fundo Plínio Salgado.

Os integralistas perceberam que era preciso uma forte simbologia, por isso nada melhor do que a busca no momento de maior força e representação do movimento. Os integralistas estavam confiantes e tentavam de todas as formas aparentar uma capacidade de mobilização, que não era a mesma da AIB.

O ano de 1957 foi turbulento. Plínio Salgado comprou um apartamento no bairro do Flamengo e, com frequência, trabalhava datilografando em um dos cômodos até altas horas da noite. Carmela e a cozinheira, Maria, estavam dormindo. Na madrugada de domingo, 2 de junho, ele escutou um barulho na cozinha e levantou-se da cadeira. Foi quando um tiro foi dado em direção ao apartamento. A bala quebrou o vidro da janela e se alojou na estante, na altura do gabinete de Plínio Salgado. *O Dia* e vários outros jornais deram um grande destaque ao episódio: "Atentado contra Plínio Salgado. O chefe integralista foi alvejado em sua residência, no 9º andar de um edifício da Rua Samuel Morse — razões de ordem política."

Em um primeiro momento, um atentado foi ventilado, mas pouco tempo depois foi desmentido pelo próprio Plínio Salgado: "A bala atingiu a janela do meu escritório durante a noite, quando eu não estava na sala. Todos os moradores das redondezas são gente muito boa. Mas, mesmo assim, o assunto deve ser investigado, pois é sempre bom tirar a dúvida."

Uma investigação foi montada, e a perícia chegou à conclusão de que era uma bala perdida. Episódios como esse, independentemente da causa e origem, contribuem para ganhos políticos, sobretudo em um momento em que Plínio iniciava sua campanha para deputado federal. Era um período muito preocupante e estratégico. As mudanças vindas com os 25 anos animaram a militância, entretanto o fôlego da retomada integralista durou pouco. A política de alianças voltou no ano seguinte.

Havia um planejamento no interior do partido com a formação da Bancada Plínio Salgado. Com muito otimismo e encabeçada pelo próprio Plínio, como candidato pelo Paraná, o PRP projetava a eleição de 30 deputados federais — apenas quatro foram eleitos. Apesar de toda a mobilização, para o presidente do partido, concorrer a uma legislatura federal era considerado inferior à sua posição histórica de liderança. Tentou uma articulação, sem sucesso, para ser lançado ao Senado por Santa Catarina. Discursou aos militantes sobre uma eventual candidatura à Presidência em 1960 — o que acabou não se concretizando.

Ao governo dos estados, para a insatisfação de muitos militantes, vários acordos foram estabelecidos, principalmente com o PSD. A aliança com o PTB de Leonel Brizola no Rio Grande do Sul foi, certamente, a posição tomada pelo PRP que maior repercussão gerou, inclusive no interior do partido.

Plínio Salgado em reunião com Leonel Brizola

Fonte: Arquivo Público Histórico de Rio Claro — Fundo Plínio Salgado.

Um acordo pouco previsível. Algo difícil de explicar aos militantes. A troca de apoio não era suficiente para convencer o militante integralista. O acordo que foi louvado e condenado por ambos os lados tomou a imprensa gaúcha, que noticiou o apoio integralista ao candidato ao governo do estado. Em mensagem aos integralistas gaúchos, buscava convencer os militantes a segurar cartazes a favor da dobradinha, Brizola ao governo e o integralista Guido Mondin para o Senado: "Leonel Brizola: mentalidade nova e capaz de inaugurar um tipo de governo adequado à necessidade do nosso tempo! Guido Mondin: candidato nitidamente representativo da índole popular do PRP."

Para os trabalhistas não era fácil explicar relações com aqueles que representavam a experiência fascista brasileira. Brizola constantemente era indagado: "Não considero o PRP um partido de direita. Prefiro fixar-me em seu programa e na sua ação política, que aí está para análise e exame de todos. Considero da direita outras forças da política nacional, as mais reacionárias, como o lacerdismo da UDN." E o líder integralista deixava explícita a necessidade de um apoio mútuo:

> Que em outubro sejam eleitos, pelo bem do Rio Grande e do Brasil: Leonel Brizola, governador do estado; Guido Mondin, senador da República; e as Bancadas de Plínio Salgado, na Assembleia Estadual e na Câmara Federal. Seja esta a minha mensagem aos fiéis companheiros e ao generoso povo do Rio Grande do Sul.

Na barganha política, o senador Guido Mondin acabou sendo eleito, assim como Leonel Brizola para o governo do estado. Dessa forma, observa-se a ambígua relação entre o comando central do PRP, cada vez mais inserido no jogo político na base de apoio ao governo de Juscelino Kubitschek, e o descontentamento da militância.

Na eleição de 3 de outubro de 1958, Plínio Salgado alcançou, finalmente, uma vitória federal e no espírito democrático. A posse como deputado federal ocorreu em 2 de fevereiro, sendo seguida de uma série de negociações políticas.

Reconstituição da Primeira Marcha Integralista

Fonte: Arquivo Público Histórico de Rio Claro — Fundo Plínio Salgado.

A bancada Plínio Salgado era formada por mais três deputados: Abel Rafael Pinto, integralista desde o tempo da AIB, de Minas Gerais, Oswaldo Zanello, um jovem fazendeiro de café do Espírito Santo, e o médico gaúcho Arno Arnt. Como primeiro suplente, substituiu Alberto Hoffmann, deputado eleito, mas que assumiu a secretaria da Agricultura do governo Brizola. Apenas dois dias após a posse, Plínio recebeu a visita do vice-presidente, João Goulart, que prometeu entregar ao PRP um alto posto na administração federal. O PRP teve um papel relevante no início do governo JK, buscando apoio e manutenção da estabilidade para o novo presidente.

A ansiedade tomava conta. A imprensa e grande parte da política esperavam o líder integralista no Congresso Nacional. Plínio Salgado era apontado como uma das atrações entre os deputados, que, ao lado de Jânio Quadros e Carlos Lacerda, certamente promoveriam bons e calorosos debates. A estreia no plenário da Câmara foi cercada de tumultos. Todos queriam escutar o integralista e sua versão sobre a história, principalmente em relação à aproximação com o fascismo, além dos golpes, das alianças, das traições e do exílio.

No dia 15 de abril de 1959, com o plenário lotado, ocorria a entrada do chefe integralista na política federal. A imprensa fez uma grande cobertura jornalística e noticiou com detalhes a estreia de Plínio Salgado como orador no Congresso Nacional:

- *O Estado de S. Paulo*: "Plínio Salgado castigado pela história".
- *Diário Carioca*: "Chefe integralista estreou: tumulto".
- *O Globo*: "Plínio Salgado estreia na Câmara com tumulto".
- *Folha da Manhã*: "Excesso de apartes durante o discurso do líder do PRP na Câmara provoca tumultos".

Sempre com muitas abstrações, teorias históricas e saudosismo de um passado, o discurso *Presença do integralismo na vida política brasileira e raízes da crise contemporânea* foi uma prévia dos quatro sucessivos mandatos. Duas vezes deputado pelo PRP (1959-63 e 1963-67) e outras duas vezes pela Arena (1967-71 e 1971-74). Muita oratória e pouco efetivo, essa foi a marca de Plínio Salgado. A influência portuguesa do tempo de exílio foi notada logo nos primeiros meses de mandato, indicando uma característica dos discursos e projetos de Plínio Salgado. Havia uma defesa do país nas guerras coloniais da década de 1960, quando se manifestou como um dos grandes defensores da política ultramarina portuguesa.

No projeto integralista para o Brasil, Portugal fazia parte dessa organização. O PRP defendia uma reforma político-administrativa, semelhante ao Estado Novo português de Salazar. Apesar da inflamada eloquência, a proposta foi apenas um desejo político. A representatividade da bancada do PRP era mínima no Congresso Nacional, e a implantação de projetos que alterassem o sistema não era prioridade, ainda mais em um período de tensões políticas. Nos limites do partido, houve uma atuação relativamente ativa. Os parlamentares atuaram em vários setores, como na educação, onde Plínio Salgado possuía relevantes atividades na Comissão de Educação e Cultura.

Com as eleições de 1960, os integralistas continuaram agindo na esfera institucional. Com a mudança da capital para Brasília, Plínio Salgado passou a residir no Planalto Central, em uma construção da Companhia Urbanizadora da Nova Capital (Novacap). Ele explicava: "Ficarei com Carmela, residindo aqui, não só pela obrigação do mandato, mas pelo espírito sertanejo de aventura."

Um mês antes das eleições, o PRP oficialmente apoiou o marechal Henrique Teixeira Lott, candidato do PSD. Foi derrotado por Jânio Quadros do pequeno Partido Trabalhista Nacional (PTN), que era alvo de críticas dos integralistas, rotulado de comunista. Bastou a vitória eleitoral para o PRP mudar de posição. A imprensa, que acompanhava de perto as atividades e os objetivos do integralismo, organizado a partir do pequeno partido, destacou: "Parece que o sr. Plínio Salgado continuará no governo. O preço será o mesmo cobrado ao sr. Kubitschek: o Ipase e o Inic, que continuariam nas mãos dos camisas-verdes."

Mesmo com a participação no governo, o PRP criticava a política externa independente de Jânio Quadros. O deputado Oswaldo Zanello dizia não aceitar diálogos e relações diplomáticas com Cuba: "O princípio da não intervenção não se adapta ao caso específico de Cuba. Uma campanha anticomunista foi intensificada pelo PRP." O contraditório governo de Jânio dificultou a direção dos integralistas, que buscavam a manutenção dos cargos a fim de garantir nomeações. Ao mesmo tempo, as relações com Cuba e a antiga URSS geravam instabilidades entre os militantes. Mesmo com o discurso de oposição, o PRP optou pela manutenção no governo em troca de benefícios.

Com a renúncia de Jânio Quadros, o partido defendeu a posse do vice-presidente João Goulart. Em defesa de sua idoneidade, principalmente por não ser um comunista, os integralistas, mais uma vez, articularam a manutenção em alguns órgãos. Após a constituição do primeiro Gabinete, chefiado por Tancredo Neves, lá estava novamente o PRP em busca de postos. Para impedir a ocupação de todos os cargos pelos maiores partidos, Plínio liderou a formação do Bloco Parlamentar dos Pequenos Partidos, constituído pelo PDC, PRP, MTR, PST, PRT e PTN. Eram 41 deputados federais e três senadores. Com uma lista ambiciosa de vários pedidos, conseguiu apenas a manutenção à frente do Inic e, após alguns meses, garantiu a nomeação do integralista Raimundo Barbosa Lima à presidência do Ipase.

Depois de uma longa viagem para Portugal, quando esteve com Salazar, Plínio Salgado encontrou o Brasil em uma forte crise institucional com um possível plebiscito. Durante o governo Jango, percebe-se Plínio Salgado como um deputado federal mais atuante nas articulações políticas em relação à questão do sistema parlamentarista, sem dúvida, com a intenção de ter benefícios com o novo regime, que visa fortalecer o legislativo.

Em junho de 1962, quando o Gabinete de Tancredo Neves entrou em crise, o PRP iniciou uma forte crítica ao governo: "Fala-se em revolução — evidentemente contra o sistema parlamentar e as instituições vigentes. Nós também temos o direito de pregar outra revolução, para repor a ordem em nosso país." Com dois anos de antecedência, Plínio fixava sua posição em torno de uma "revolução" brasileira, sendo os integralistas os mais eufóricos com o golpe civil-militar de 1964.

No decorrer de 1962, os integralistas romperam com o governo Jango e iniciaram a preparação para as eleições estaduais de outubro. Fizeram parte do bloco conservador e receberam financiamento de instituições anticomunistas, como o Instituto Brasileiro de Ação Democrática (Ibad) e o Instituto de Pesquisas Econômicas e Sociais (Ipes). Esse foi um momento em que o movimento integralista articulava, por intermédio das Edições GRD, propriedade de Gumercindo Rocha Dórea, com a agência norte-americana United States Information Agency (Usia). Dorea era também editor do jornal *A Marcha*, diretor da Livraria Clássica Brasileira e presidente da CCCJ. Com a associação do órgão dos Estados Unidos com o Ipes, uma colaboração foi estabelecida para combater as esquerdas brasileiras e desestabilizar o governo João Goulart.

Após o plebiscito de 6 de janeiro de 1963, João Goulart, que passou a ter plenos poderes com a vitória do presidencialismo, buscou o debate em torno das reformas de base. Havia o propósito de promover uma alteração estrutural nos setores educacional, fiscal, político e agrário. Para o PRP, a questão agrária era, sem dúvida, a mais importante, por isso manifestou ser contrário à reforma apresentada pelo governo para votação.

> A minha bancada apresentou um projeto criando o Fundo Nacional para a Reforma Agrária. Nossa intenção era tirar dinheiro de onde ele existe para pô-lo onde não existe. Onde existe o dinheiro? Nas indústrias, nos bancos, nas corridas de cavalo, nos empreiteiros de obras públicas. Quem não está de acordo? O Governo.

O ano presidencialista de Jango foi marcado por crises políticas e, principalmente, institucionais. A gravidade culminou com a queda do presidente, que, erroneamente acusado de ser uma espécie de comunista brasileiro, cedeu lugar aos militares, sendo estes recebidos com a exaltação integralista. O PRP teve uma participação relevante no processo que conduziu ao golpe civil-militar de 1964. Com as manifestações públicas do partido e os discursos parlamentares, nos meses que antecederam o golpe, uma ação concreta era articulada com outros grupos golpistas, tendo um elemento de unidade: o anticomunismo.

Era o fim da democracia brasileira, e entre os responsáveis estavam os integralistas. Foi inaugurada a ditadura, que inclusive ocasionou o fim do Partido de Representação Popular; no entanto, muitos — inclusive o próprio Plínio Salgado — tinham a expectativa de ser o momento de o integralismo brasileiro, a partir de 1964, finalmente, criar uma organização política-cultural verdadeiramente nacionalista.

Ditadura, morte de Plínio Salgado e fim do integralismo

> Os grandes desfiles populares da família, com Deus, pela liberdade, que têm levado às ruas das cidades brasileiras o clamor de um povo fiel às

suas tradições cristãs e disposto à luta para impedir que o escravizem, demonstraram, neste momento histórico, o poder da mulher quando se ameaçam os fundamentos do lar, da religião, dos direitos humanos e da soberania nacional. Que mais esperam os brasileiros? A destruição da família? O domínio do ateísmo, como crença do Estado e a perseguição de todas as religiões, principalmente em que os sem Deus as lançam nos países dominados pelo comunismo, ou pela chamada limpeza da mente, adotada hoje de modo sistemático e processos desumanos, na China Vermelha e já agora em Cuba?

Com esse discurso, Plínio Salgado conclamou as mulheres de São Paulo para participar da Marcha da Família com Deus pela Liberdade. Organizada por setores do clero e entidades femininas, era uma reação ao comício realizado no Rio de Janeiro, em 13 de março de 1964, em que o presidente Jango anunciou as Reformas de Base.

O PRP cumpriu um papel relevante na consolidação do golpe. Abel Rafael Pinto, Aníbal Teixeira, Ivan Luz, Oswaldo Zanello, Sebastião Navarro e, claro, Plínio Salgado eram lideranças que articulavam com outros grupos conservadores a queda imediata do presidente João Goulart. Em calorosa euforia, os golpistas anticomunistas foram às ruas para comemorar a deposição de Jango. "Brasil nas ruas: viver só com Deus e a liberdade", comemorava o *Diário de Notícias*.

Dias após o fim da democracia, Plínio Salgado fez questão de formalizar o apoio do PRP ao general Castello Branco. Claramente havia a intenção de ter algum benefício político, sobretudo após o apoio concedido ao golpe. Em várias oportunidades, o plenário da Câmara foi palco para elogios e exaltações ao general Olympio Mourão Filho, um dos idealizadores do golpe — antigo membro da AIB e um dos idealizadores do Plano Cohen — e de outros representantes da política nacional, como o presidente da Câmara dos Deputados Ranieri Mazzilli, que contribuiu decisivamente para o rompimento democrático.

O PRP tinha a esperança de que 1964 fosse o momento dos integralistas no poder. Com um discurso nacionalista de defesa da soberania nacional e de um Brasil forte, a doutrina militar possuía determinados focos que compactuavam com a proposta histórica do integralismo. Em muitos momentos, Plínio Salgado fez discursos a favor do regime, no entanto, em outras oportunidades, buscava algumas críticas. Em janeiro de 1965, desconsiderou a visão militar de um ato revolucionário. O motivo era bem simples, o movimento de 1964 não havia sido integralista:

> Não posso denominar revolução o episódio de 31 de março. Foi apenas um movimento patriótico, que se destinava a deter a demagogia dissolvente exercida pelo presidente João Goulart. Uma revolução traz ideologia, é portadora de uma doutrina. E o movimento de março, uma vez vitorioso foi (ele próprio) tomado de surpresa diante dos problemas nacionais que desde então deveriam ser submetidos a sua responsabilidade.

A dificuldade ficou ainda mais visível a partir de 27 de outubro de 1965, quando o governo militar decretou o Ato Institucional n. 2 (AI-2), extinguindo todos os partidos políticos, inclusive o PRP. A ação provocou instabilidades e irritações entre os integralistas. A insatisfação com a atitude ditatorial continuou mesmo após o decreto do AI-2, apesar de Plínio não ter tido escolha: ou ficava ao lado do governo, na Aliança Renovadora Nacional (Arena), ou no Movimento Democrático Brasileiro (MDB), uma oposição possível.

Não restava dúvidas de que a escolha dos integralistas seria pela Arena. A tarefa não foi fácil. Muitos filiados do PRP e líderes estaduais não aceitaram a migração, principalmente porque seriam minoritários no novo partido. A insatisfação com o bipartidarismo era pública. Havia uma forte crítica em relação à falta de credibilidade que os parlamentares da Arena possuíam.

Constantemente Plínio e os demais membros do PRP, como o senador Guido Mondin, lamentavam o fato de estar sempre ao lado do governo e nunca ganhar nada em troca, afirmando que a fidelidade não poderia se transformar em uma subserviência: "Nenhum homem

do partido gostou disso. Porque nós adquirimos amor pelo nosso partido, que é a nossa grei, que é a nossa comunidade. Então, a gente fica desfeito, mal impressionado. Mas conformados, conformados."
A participação dos integralistas na Arena foi discreta. Contando com apenas dois membros, Plínio Salgado e Oswaldo Zanello, foi utilizada a estratégia de manter a unidade não oficial do PRP na Arena. Por correspondências, os militantes integralistas eram comunicados pelos diretórios das diretrizes do líder. Ainda havia uma mobilização.

Nas eleições de 1966, a primeira pela Arena, o impacto integralista foi pequeno. Havia o projeto de uma bancada integralista. Fizeram apenas quatro deputados federais — Plínio Salgado foi eleito pelo estado de São Paulo —, frustrando o planejamento. Com a radicalização do Ato Institucional n. 5 (AI-5), os integralistas buscaram novas investidas no governo. Após o afastamento do general Costa e Silva, alcançaram o poder na Junta Militar. Formada por três ministros militares, dois eram integralistas — o brigadeiro Márcio de Sousa Melo e o almirante Augusto Rademaker.

Os integralistas passaram a ter um fio de esperança, principalmente após a possibilidade da indicação do integralista general Albuquerque Lima como possível presidente. Mesmo com a derrota para o general Emílio Garrastazu Médici, os integralistas mantinham a esperança de alcançar, de fato, o governo, o que acabou não acontecendo.

Com a impossibilidade de ações, Plínio Salgado, que continuava a ser o grande nome integralista no regime militar, deixou um pouco de lado as atividades congressistas e passou a utilizar seu tempo como relator na Comissão de Educação e Cultura, tendo assim um trânsito aberto no Ministério da Educação e, como consequência, a inserção de componentes de cunho nacionalista, conservador e ufanista nos livros escolares.

Os projetos relacionados com a educação e a moralidade foram aqueles de maior relevância na legislatura integralista. No período, publicou a obra *Compêndio de instrução moral e cívica*, ideia que estava em curso e que teve como consequência o Decreto-Lei nº 869, em 12 de dezembro de 1969, que estabeleceu a disciplina de educação moral e cívica como obrigatória nas escolas de todos os graus e modalidades dos sistemas de ensino no país. Embalado com o sucesso da obra, lançou um livro didático em dois volumes intitulado *História do Brasil*.

Capa do livro *Compêndio de instrução moral e cívica*

Fonte: Acervo pessoal.

As atividades dos integralistas no governo eram cada vez mais pontuais. Plínio Salgado se destacava em projetos de cunho moral e conservador, como o Projeto nº 135/1970 da Comissão de Educação e Cultura, que tinha como proposta a censura prévia com a intenção de impedir erotismo e pornografia no Brasil.

Foi aprovado pela Câmara dos Deputados, no dia 13 do corrente, por 17 votos contra 44 e uma abstenção, o texto do Decreto-lei nº 1.077, de

26 de janeiro de 1970, que estabelece a censura prévia visando extirpar do país a divulgação deletéria, imoral e pornográfica, coibindo uma verdadeira onda de desintegração social provocada pela imaginação mórbida dos agentes do chamado erotismo internacional. Plínio Salgado atribuía o erotismo ao comunismo internacional; dessa forma, a censura de cunho moral ganhou justificativas políticas: "É preciso conhecer a técnica e a tática do comunismo internacional para se perceber o alcance da sua mais recente orientação no mundo ocidental: a desmoralização dos costumes." Como relator do projeto, contribuiu com a ditadura ao impor limites aos meios de comunicação. Com o passar dos anos, ocorreu o processo de consolidação ditatorial no regime militar, impedindo que as propostas iniciais do PRP pudessem avançar. Ao Plínio, restou a educação ou a sonolência.

"A volta do fantasma." Com essa expressão, a imprensa anunciou, em maio de 1970, a decisão de Plínio Salgado em concorrer novamente a uma cadeira no Congresso Nacional pela Arena. Aos 75 anos, a liderança integralista recebeu apenas 31.646 votos e ele quase não foi eleito. Era um momento em que os integralistas buscavam ativar o movimento, principalmente a partir dos sinais de fraqueza de Plínio Salgado. No início da década de 1970, três principais organizações buscavam rearticular e manter o processo de doutrinação integralista ativo: a Cruzada de Renovação Nacional, os Centros Culturais da Juventude e a tentativa de rearticulação da União Operária e Camponesa do Brasil (UOCB).

A Cruzada reunia e coordenava diversas organizações integralistas. Foi inaugurada oficialmente no ano de 1972, em comemoração aos 40 anos do integralismo. A CCCJ não havia desaparecido durante o período da ditadura, apesar de ter perdido bastante força. A UOCB era basicamente mantida com verbas pessoais do Plínio Salgado e teve pouca atuação de Jader Medeiros.

Plínio Salgado e os integralistas sempre tiveram mania de grandeza. Em 1973, afirmavam ter 700 mil integralistas prontos para o combate — número inexistente até mesmo no auge da década de 1930. Para eles, bastava uma ordem do chefe para que a mobilização fosse iniciada. Em vários momentos, Plínio buscava demonstrar força no presente baseado em relações do passado.

Para muitos militantes, o regime de 1964 possuía não apenas representantes, mas, sim, concepções integralistas. Em pronunciamentos, Plínio buscava destacar sua amizade com pessoas influentes, como os generais Médici e Geisel, e indicar que muitos atos do governo, como o Movimento Brasileiro de Alfabetização (Mobral), o Banco Nacional da Habitação (BNH) e a integração da Amazônia, eram de inspiração integralistas. Foi um período em que os integralistas tiveram certa atuação no governo federal, principalmente na presidência em autarquias, entre as quais a Superintendência de Desenvolvimento da Região Sul (Sudesul).

Alguns integralistas, mesmo que não tivessem relações diretas com o PRP, ocuparam postos governamentais de primeiro escalão, como o vice-presidente de Médici e presidente da Junta Militar, o almirante Augusto Rademaker Grünewald; o ministro da Aeronáutica, brigadeiro Márcio de Sousa Melo; o ministro da Justiça de Médici, Alfredo Buzaid; além do ministro do Planejamento, João Paulo dos Reis Veloso. Havia certa influência sobre alguns antigos militantes que possuíam atividades na Arena, mas, com a dissolução do PRP, os poderes ficaram limitados. As declarações públicas de Plínio Salgado, por mais intensas que pudessem ser, não tinham mais o mesmo impacto de antes. Em muitos momentos, ele não era mais levado a sério.

Em 1974, Plínio Salgado anunciou uma nova candidatura em um inflamado discurso que proferiu no Congresso. Houve um planejamento para a reeleição, mas a entrada de Plínio Salgado no pleito não ocorreu. No mesmo ano, decretou aposentadoria da vida pública. Com um discurso de uma vida dita vitoriosa, despediu-se do cenário político brasileiro.

Com a saúde debilitada, passou a escrever artigos para jornais, além de auxiliar nas atividades da CCCJ, um grupo pequeno, mas que era a principal organização integralista da década de 1970. Já no fim da vida, afirmava que o integralismo seria um movimento de longevidade, doutrina para os homens do século XXI. Com a aposentadoria, ocorreram algumas mudanças no integralismo. A mobilização dos militantes era muito fraca. Poucos mantinham a fidelidade ao lado do chefe, que passava por problemas pessoais.

Plínio Salgado, no fim da vida, ao lado de militantes

Fonte: Arquivo Público Histórico de Rio Claro — Fundo Plínio Salgado.

Foi um momento em que precisou lidar com as dores vindas da idade e a morte dos amigos que viveram ao seu lado nas últimas décadas. O principal abalo ocorreu em 1971 com o falecimento do genro, considerado um filho, Loureiro Júnior. Além disso, segundo relatos, Plínio Salgado sofreu nos últimos anos com o alcoolismo, o que contribuiu com a fraqueza física.

Morou em Brasília durante 13 anos e lá construiu um sítio, onde vivia com a esposa, cães, gatos, galinhas, galos, patos e papagaios. Aproveitava os momentos de aposentadoria para cuidar de suas plantas e animais. Era praticamente um retiro e tinha poucos contatos. Uma vez ou outra, recebia a visita de algum amigo. Nessa convivência com a natureza, foi picado por um inseto, o que gerou uma fraqueza e um grande ferimento. Em seguida, um forte problema gástrico. Sem conseguir um diagnóstico, Plínio e Carmela resolveram mudar-se para São Paulo, para o apartamento que tinham no bairro do Paraíso, na rua Teixeira da Silva.

Após alguns meses, o estado de saúde piorou, e o líder integralista foi internado no Hospital São Camilo. Após um mês em tratamento, teve ligeira melhora e foi morar com a filha, Maria Amélia. Dias depois, em dezembro de 1975, o estado de saúde agravou-se e foi internado novamente no Hospital de Moléstias Digestivas. Com uma parada cardíaca, faleceu no dia 8 de dezembro. Enterrado no Cemitério do Morumbi, segundo os integralistas, foi para a milícia do além.

Exaltado e idolatrado por uns, esquecido e ocultado por outros, o falecimento de Plínio Salgado causou uma adversidade para o movimento. Não havia mais unidade entre os integralistas. Não exista a liderança do chefe. Poderia ser o fim de uma era do integralismo.

3

A morte de Plínio Salgado e a origem do neointegralismo

O adeus ao chefe

No velório de Plínio Salgado, o clima era de consternação. Diversos veículos de imprensa, como o *Globo* e a *Folha de S.Paulo*, noticiaram o último *Anauê!* dos militantes ao antigo líder dos camisas-verdes. O velório, realizado na Assembleia Legislativa do estado de São Paulo, reuniu cerca de 2 mil pessoas. Entre familiares, populares, lideranças políticas e militantes, todos quiseram prestar reverência a Plínio Salgado.

Alguns integralistas históricos marcaram presença, como Miguel Reale, jurista e uma das lideranças da AIB; Raymundo Padilha, ex-governador do Rio de Janeiro e figura central para o integralismo no pós-guerra; Alfredo Buzaid, ministro de Justiça do governo Médici; Guido Mondin, então ministro do Tribunal de Contas da União; e Alberto Hoffmann, deputado federal pela Arena do Rio Grande do Sul. Outras lideranças políticas e intelectuais também compareceram, como Menotti del Picchia, seu companheiro no modernismo; Aureliano Leite, presidente do Instituto Histórico e Geográfico de São Paulo; Jarbas Medeiros, deputado estadual pela Arena de Minas Gerais; Franco Montoro, senador pelo MDB; assim como Olavo Setúbal, então prefeito de São Paulo, e Ulysses Guimarães, líder do MDB, que afirmou que o Brasil perdia "um notável escritor e um parlamentar de destacada atuação".

Em Brasília, sua trajetória política e intelectual foi lembrada por parlamentares dos dois partidos. Petrônio Portela, líder da Arena no Senado, afirmou: "Faleceu uma personalidade que foi da maior importância em momento dramático das instituições políticas brasileiras." O líder do MDB na Câmara Federal, deputado Laerte Vieira, citou a atuação parlamentar de Plínio Salgado, assim como Alberto Bitencourt Cotrim Neto, ex-secretário da Justiça no governo Negrão de Lima, que chegou a chorar ao evocar a imagem daquele que foi um dos seus grandes amigos. Por proposta do vereador Brasil Vita, da Arena, a Câmara Municipal de São Paulo suspendeu sua sessão ordinária em homenagem a Plínio Salgado.

No momento do sepultamento, Holanda da Cunha, militante histórico da AIB, ergueu o braço direito e bradou: *Anauê! Anauê! Anauê!* A exaltação foi entoada por cerca de três dezenas de militantes integralistas que acompanhavam o enterro. Não restavam dúvidas: além de um escritor e parlamentar, os integralistas perdiam seu principal líder. Plínio Salgado deixava de liderar os integralistas em terra e passava a acompanhá-los nas milícias do além.

A morte do chefe causou efeitos avassaladores para o movimento integralista. Em seguida nasceu o neointegralismo, um novo capítulo dessa história. Os neointegralistas passaram a perguntar: quem seria o novo líder? Qual caminho seguir? O integralismo deveria ser um grupo de estudos, um movimento de cunho cívico e religioso, ou uma organização política?

Para que o leitor compreenda, o neointegralismo é caracterizado pela ausência e pela disputa, isto é, a ausência de Plínio Salgado, o grande líder e a encarnação da doutrina integralista, e a disputa, resultado imediato desse espaço vazio que surgiu com a ausência do líder. Por essas razões, diversos grupos se desenvolveram entre 1975 e 2001. Cada um desses grupos tinha uma leitura particular sobre o passado integralista, assim como apresentavam diferentes propostas para o movimento após a morte do Chefe.

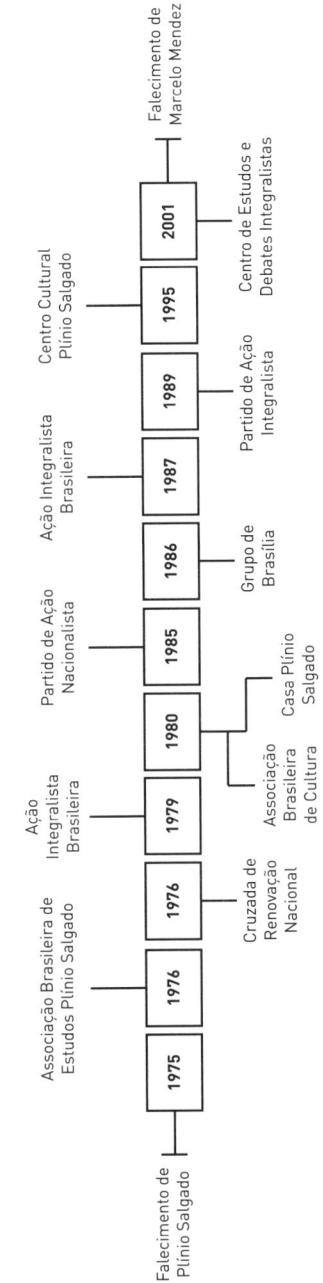

A MORTE DE PLÍNIO SALGADO E A ORIGEM DO NEOINTEGRALISMO • 117

Os principais grupos neointegralistas (1975 a 2001)

1975	Falecimento de Plínio Salgado
1976	Associação Brasileira de Estudos Plínio Salgado
1976	Cruzada de Renovação Nacional
1979	Ação Integralista Brasileira
1980	Associação Brasileira de Cultura / Casa Plínio Salgado
1985	Partido de Ação Nacionalista
1986	Grupo de Brasília
1987	Ação Integralista Brasileira
1989	Partido de Ação Integralista
1995	Centro Cultural Plínio Salgado
2001	Centro de Estudos e Debates Integralistas / Falecimento de Marcelo Mendez

De imediato, o efeito da morte de Plínio Salgado foi uma espécie de luto coletivo entre os integralistas. O luto tomou conta do verde da esperança, obscureceu o verde do integralismo. Afinal de contas, Plínio Salgado não era apenas o líder de uma organização, ele era o chefe nacional dos integralistas.

Após o fim da Ação Integralista Brasileira, do Partido de Representação Popular e de tantas outras organizações integralistas, era Plínio Salgado quem ditava os rumos do movimento e dos militantes. Entre 1932 e 1975, foi ele, sem dúvidas, o grande chefe dos integralistas. Em diversas ocasiões, o integralismo era mais que um movimento político, era uma doutrina que inspirava diversas organizações. O integralismo era uma ideia, que passou a ser disputada pelos militantes remanescentes em novos grupos.

Em um primeiro momento, coube a Carmela Patti Salgado, viúva de Plínio Salgado, o papel de ligação entre o passado e o presente. Afinal, quem melhor que a viúva do chefe para delinear os novos rumos do movimento integralista? Após um período de luto e de inoperância, que durou cerca de um ano, os militantes voltaram a se organizar e a se articular.

A Associação Brasileira de Estudos Plínio Salgado

Eram 200 pessoas em São Paulo na avenida Brigadeiro Luís Antônio, às 19h do dia 7 de dezembro de 1976. Lembranças e saudades marcaram a missa na Igreja da Imaculada Conceição em ocasião do aniversário de um ano da morte de Plínio Salgado. Após a celebração, cerca de 80 pessoas se reuniram no salão paroquial. Além de Carmela Patti Salgado e de Maria Amélia Salgado, estiveram presentes algumas figuras políticas, como Guido Mondin e o então deputado federal Antônio Henrique Cunha Bueno (Arena), conhecido pelo perfil conservador. Esse momento marcou a fundação da Associação Brasileira de Estudos Plínio Salgado (Abeps).

A Abeps foi organizada por Carmela Salgado, idealizada para servir como um ambiente de homenagem e de exaltação da figura do líder integralista. Em carta enviada a João Ameal, político português e amigo de Plínio dos tempos de autoexílio, Carmela afirmou:

> Já decorridos sete meses do falecimento de Plínio Salgado, está definitivamente resolvida a criação de um órgão que se destina, em sua fase inicial, a divulgar a obra de meu marido, através de pesquisas, cursos, conferências, livros e demais meios de comunicação. Denominar-se-á "Associação de Estudos Plínio Salgado" e será a semente da futura "Fundação Plínio Salgado". Através dessa entidade prosseguiremos com o papel histórico que o integralismo vem desempenhando no Brasil há cerca de quase 50 anos e que, com o desaparecimento do seu criador e líder, mais do que nunca, devemos mostrar uma coesão interna, capaz de levar avante as suas ideias, jamais ultrapassadas e sempre presentes.

Coordenada por Carmela Salgado e organizada por jovens participantes do Grêmio Jackson de Figueiredo — organização estudantil de São Paulo e que fazia parte da Confederação dos Centros Culturais da Juventude —, a reunião teve início após os presentes cantarem, com acompanhamento de um piano, o hino integralista, *Avante*. Menotti del Picchia, antigo companheiro de Plínio Salgado dos tempos de movimento modernista, foi convidado a participar do evento. No entanto, não pôde comparecer devido à frágil condição de saúde. Genésio Pereira Filho, sobrinho de Plínio Salgado, leu uma mensagem de apoio enviada pelo escritor.

Ao fim do evento, Damiano Gullo, antigo integralista, foi empossado como presidente, e Genésio Pereira assumiu o cargo de tesoureiro da Associação. Todos os participantes da reunião foram considerados membros fundadores. Em termos concretos, a Abeps foi uma entidade que serviu para reunir os integralistas que se convalesciam da perda de seu líder. De fato, as reuniões do grupo não eram frequentes e serviam mais para congregar os militantes remanescentes do que para propor uma atividade política concreta.

Talvez estes tenham sido o propósito e a contribuição mais efetiva do grupo: manter viva a memória de Plínio Salgado e proporcionar, por meio dos encontros realizados, possíveis alternativas para um futuro próximo. Esse foi o caso do grupo coordenado por Jader Medeiros, que veio a ser o líder da Cruzada de Renovação Nacional, uma das primeiras organizações neointegralistas.

A Cruzada de Renovação Nacional

Durante os anos 1970, os integralistas se organizavam em pequenos grupos. Jader Medeiros, advogado carioca, participava ativamente de um deles, a União Operária e Camponesa do Brasil (UOCB), cujo presidente de honra era Plínio Salgado. A organização tinha orientação sindical, classista e um objetivo bem específico, buscava atuar para romper o avanço de grupos de esquerda em temas conflituosos no campo e na cidade. Se as esquerdas propunham um modelo de reforma agrária, a UOCB atuava para combater essas propostas. A União foi criada na década de 1950 e continuou existindo como um órgão de atuação integralista após a dissolução do PRP.

Nos anos 1960, a UOCB lançou seu jornal integralista, intitulado *Renovação Nacional*, coordenado por Jader Medeiros, que havia ingressado no PRP durante a década de 1950. Guardadas as devidas proporções, *Renovação* significava o que *A Marcha* foi para o Partido de Representação Popular: um veículo de disseminação da política integralista. O jornal publicava textos de diversos integralistas, que aproveitavam o espaço para opinar sobre a história do movimento, assim como sobre temas cotidianos e do contexto político. Era um dos espaços de reflexão e de atuação política dos integralistas durante a ditadura.

Com a morte de Plínio Salgado, Jader Medeiros foi colocado como peça-chave na disputa dos possíveis novos líderes integralistas. Para isso, *Renovação Nacional* passou a ser um importante instrumento político. Jader Medeiros o apresentava como o "jornal de todos os integralistas", assim como elogiava algumas coincidências do destino, afinal, Jader havia nascido em 22 de janeiro, logo, fazia aniversário no mesmo dia que Plínio Salgado.

Em 7 de outubro de 1972, quarentenário de fundação da AIB, Jader Medeiros planejava criar uma organização integralista mais ativa, com o nome Cruzada de Renovação Nacional. Seria o retorno do integralismo como grupo organizado, mas ele foi desestimulado por Plínio Salgado. Na época, o líder dos camisas-verdes evitava a agitação de grupos integralistas mais organizados, pois essas atitudes poderiam ser interpretadas como insubordinação ao regime militar. Com a morte do chefe, tudo mudou de figura.

Na primeira edição de *Renovação Nacional* publicada após a morte do chefe nacional, a tentativa de formação da Cruzada era afirmada categoricamente e apresentada como iniciativa de Plínio Salgado. Descrita como um grande movimento cívico-cultural, teve como primeiro presidente Alfredo Chrispim, antigo secretário de Plínio. Embora Jader Medeiros não fosse o presidente de fato da organização, era nítido que havia o interesse em ditar, por meio do jornal, os rumos do integralismo após a morte do chefe. Alguns relatos informavam que Medeiros, que era espírita, chegou a envolver um médium que recebia Plínio Salgado, com o propósito de fortalecer sua relação com o chefe integralista.

Nos meses seguintes, o jornal noticiava o processo de organização da Cruzada, que teria atuação em todo o Brasil. No entanto, alguns sinais de ruptura passaram a ser observados. Alfredo Chrispim deixou a presidência do grupo, e o cargo foi ocupado pelo militar reformado Jayme Ferreira da Silva, integralista desde o tempo da AIB, que idealizou nos anos 1940 o grupo integralista Cruzada Juvenil da Boa Imprensa. Essa configuração durou cerca de um ano. Em questão de meses, o jornal *Renovação Nacional* noticiou mudanças na configuração da presidência da Cruzada: Alfredo Chrispim retornou ao posto.

"Morto, ainda mais atuante." Por meio de textos e reportagens em *Renovação Nacional*, os adeptos da Cruzada exaltavam o legado e a presença de Plínio Salgado. Além disso, buscavam uma demonstração de força. Apesar de ser um movimento com pequena atuação, seus integrantes buscavam afirmar a robustez de uma organização que dava sinais de desarticulação.

Em 1978, a Cruzada definiu uma simbologia própria. Era a homenagem às duas mais importantes organizações integralistas até então. Em um círculo preto, um sino fazia referência ao símbolo do Partido de Representação Popular. Na face externa, estava inscrita a constelação Cruzeiro do Sul. Esse adereço fornecia o elo com os plinianos, a porção mais jovem da juventude integralista, que tinha a constelação como símbolo. Essa relação entre passado e presente servia como fio condutor para um futuro integralista. Um futuro hipotético, no qual Jader Medeiros seria a figura central, o líder desse movimento neointegralista.

Os planos da Cruzada, no entanto, não se realizaram por completo. Muito longe disso, aliás. A Cruzada nunca se estabeleceu como órgão principal dos neointegralistas devido a vários fatores, desde as discussões sobre a forma de organização até as interpretações sobre o passado integralista. O neointegralismo se mostrava como ele é, um espaço conflituoso e repleto de disputas por poderes e representatividade. Dessa maneira, ainda estava vago o espaço para novos grupos surgirem.

Cruzada de Renovação Nacional

Fonte: Acervo AIB/PRP-Delfos/PUCRS.

Entre AIB e ABC e a transição democrática: qual o caminho a seguir?

Com os claros sinais de fracasso da organização da Cruzada, outras iniciativas passaram a agitar o cenário neointegralista. Em 1979, ocorreu a primeira tentativa de refundação da Ação Integralista Brasileira. Após a extinção da AIB no início do Estado Novo, a sigla estava legalmente disponível. Em termos práticos, era possível registrar uma organização com o mesmo nome da AIB de 1932, sem qualquer espécie de empecilho ou entraves judiciais. Essa tentativa de refundação da AIB foi organizada por três militantes: Holanda da Cunha, Walter Povoleri e Gumercindo Rocha Dórea.

Holanda da Cunha, que esteve presente no sepultamento de Plínio Salgado, demonstrava disposição ao seguimento da atuação de organizações integralistas. Walter Povoleri era um antigo águia-branca, que inclusive participava da Confederação Nacional dos Centros Culturais da Juventude desde a década de 1950. Gumercindo Rocha Dórea, por sua vez, era um importante militante integralista com largo histórico de atuação, dada a sua dedicação à causa, assim como a proximidade que teve com Plínio Salgado. Efetivamente, a iniciativa não obteve sucesso, mas a partir disso é possível analisar duas características de grande importância no integralismo de 1975 em diante.

A primeira característica é que no neointegralismo existe uma condição geracional, visto que são diversas gerações de militantes integralistas que têm ou tiveram relações variadas com o passado integralista de 1932 a 1975. Esses militantes forjaram suas identidades políticas nessas diversas organizações, como AIB, PRP, Centros Culturais da Juventude e assim por diante. Nessas organizações, esses militantes, cada qual à sua maneira, criaram uma relação intensa com o ideal integralista.

A segunda característica é que, em termos de articulação de grupos integralistas, não há apenas uma referência de passado, isto é, são várias organizações integralistas, e é a partir delas que os militantes atuais vão olhar para o passado integralista, a fim de legitimar sua atuação na atualidade. Ainda assim, a AIB será sempre a principal referência. Afinal, foi durante a atuação da AIB que o integralismo foi criado em uma ótica fascista, assim como foi nesse período que o integralismo teve mais militantes e esteve mais próximo de conquistar o poder, além de ser o momento em que alcançou mais sucesso político. O integralismo da década de 1930 foi também o modelo de organização que impulsionava uma relação política mais intensa dos militantes.

Não à toa, uma das primeiras tentativas de articulação era voltada a recriar a principal organização integralista. Quando os neointegralistas homenageiam o passado integralista, normalmente é o passado da AIB que é relembrado. Por mais que Plínio Salgado tenha afirmado que o movimento era mais que uma organização, os militantes remanescentes normalmente querem reviver os moldes bem específicos da AIB, com as camisas verdes e o *Sigma*.

Outras iniciativas se remetiam a episódios distintos da história. Em 1980, logo após a fracassada tentativa de refundar a AIB, um grupo de militantes propôs a recriação da Associação Brasileira de Cultura (ABC), que foi a primeira organização integralista fundada após o fim da AIB, em 1937. A segunda ABC foi articulada por Carmela Salgado em 1980, após a realização de uma reunião prévia, que contou com militantes de diversos estados do país.

Semanas após esse encontro, Carmela Salgado recebeu alguns militantes em sua casa, no bairro Paraíso, na capital paulista. Esses militantes eram figuras importantes no contexto neointegralista, pois faziam uma espécie de ponte para o passado integralista. O grupo foi selecionado para cargos de chefia da segunda ABC. A presidência da Diretoria Provisória foi ocupado por Rui Arruda, que havia sido secretário de Plínio Salgado durante os anos 1930. Gumercindo Rocha Dórea, que meses antes esteve envolvido na fracassada tentativa de refundação da AIB, foi escolhido como secretário-geral da nova ABC.

O novo grupo se instalou em um conjunto de salas na avenida Brigadeiro Luís Antônio, em São Paulo. A ideia era que a ABC fosse uma entidade voltada à formação de propostas políticas para solucionar os problemas nacionais. Era uma entidade que daria luz a uma organização integralista mais efetiva, atuante e duradoura. Como nos anos 1930 a Sociedade de Estudos Políticos (SEP) antecedeu a formação da AIB, nos anos 1980, a ABC seria a antessala de uma outra organização integralista. Contudo, mais uma vez, a iniciativa acabou em fracasso.

Uma das razões era a desarticulação dos grupos neointegralistas. Além da Cruzada e das tentativas de recriação da Ação Integralista Brasileira e da Associação Brasileira de Cultura, outros grupos reivindicavam simultaneamente o passado integralista. No Maranhão, por exemplo, existiu um pequeno grupo intitulado Movimento Popular de Apoio à Fundação Plínio Salgado, que teve atuação efêmera. Em seu manifesto, o Movimento defendia o combate ao comunismo, a crença em Deus, o amor à pátria e a defesa da família, tal qual os moldes e o lema da AIB.

No Rio Grande do Sul, a Associação Cívico-Cultural Minuano promovia encontros e debates na antiga sede do Partido de Representação Popular em Porto Alegre. Apesar de existir desde 1957, a associação não teve impacto nítido no ambiente neointegralista. Era, na realidade, um espaço de convivência entre militantes integralistas gaúchos (da AIB e do PRP). Servia também como espaço de conservação da memória desses militantes, inclusive com um importante acervo documental.

Além dessa fragmentação, estavam em jogo as discussões sobre como os integralistas deveriam se organizar. Entre tantas propostas e pequenos grupos que surgiam, algumas eram bastante diferentes entre si e, por vezes, verdadeiramente antagônicas. Isso gerava algumas situações insólitas, com propostas que não pareceriam tão coerentes com o histórico integralista. Uma dessas iniciativas foi realizada em 1980, por Rui Lacerda, antigo militante do PRP no Paraná: "Vamos para o partido do presidente Figueiredo como grupo ideologicamente definido, para defender a doutrina de Plínio Salgado." A proposta é que os integralistas apoiassem o governador Ney Braga à Presidência da República pelo Partido Democrático Social, o PDS, que sucedeu a Arena. Uma reunião para tratar do tema foi realizada, novamente, na casa de Carmela Salgado, mas a ideia não foi levada adiante.

Nessas ocasiões, ficava nítido como o contexto neointegralista era fragmentado. Não havia uma unidade, assim como não havia uma liderança que definia em qual grupo os integralistas deveriam exercer a militância. Vários grupos concordavam que o integralismo era o caminho, mas eles não conseguiam concordar em como trilhar esse caminho. Dessa maneira, os cinco anos imediatos da morte de Plínio Salgado são caracterizados pela desarticulação. Essa desestruturação não deve ser creditada exclusivamente ao próprio neointegralismo, pois é preciso considerar o contexto político nacional.

O pluripartidarismo, uma das características essenciais para a condição democrática, era proibido desde 1965, quando foi promulgado o decreto do Ato Institucional número 2 (AI-2), que extinguiu todos os partidos políticos. Já em 1979, o contexto não era de perseguição, mas, sim, de abertura política. Com o retorno dos diversos partidos, o afrouxamento da ditadura trazia algumas novidades, como a anistia aos presos políticos, o fim da censura e o enfraquecimento dos aparelhos de repressão política. Não é despropositado afirmar que a democracia era o caminho que a sociedade civil brasileira, em sua maioria, buscava atingir.

Havia um apelo por democracia. Algo que não convergia com a articulação dos integralistas. Afinal, quando esses grupos e indivíduos manifestavam o apreço à causa integralista, eles manifestavam o apoio a uma proposta política abertamente antidemocrática. Além disso, os integralistas haviam apoiado rupturas antidemocráticas em vários capítulos recentes da história brasileira, como o apoio ao golpe do Estado Novo e ao golpe de 1964.

Passados cinco anos da morte de Plínio Salgado, os integralistas tinham que lidar não apenas com problemas do próprio movimento, como o número decrescente de militantes e suas disputas internas. Era necessário pensar como o integralismo iria se apresentar para a sociedade brasileira em tempos de transição democrática. Isso gerou alguns debates, algumas disputas e novas possibilidades.

A Casa Plínio Salgado e a permanência integralista

Em um período de transição democrática, o integralismo era, com razão, reconhecido como uma das principais expressões da extrema direita brasileira. Ser integralista não era apenas um ato de interesse político como qualquer outro, e sim a persistência de uma atuação antidemocrática em um período em que a democracia era muito valorizada. Se, por um lado, esse contexto era difícil para as organizações neointegralistas, a percepção entre os militantes era que cada um deles possuía uma importância para o movimento. Afinal, eles permaneciam fiéis ao ideal de Plínio Salgado, ao *Sigma* e às históricas camisas verdes.

Nesse momento, aumentava a importância de figuras que atuavam como espécie de guardiões do passado integralista. Essas pessoas faziam esforço para manter a unidade do movimento integralista, assim como para fortalecer os diálogos entre novos e antigos militantes. Afinal de contas, o interesse era aumentar a militância neointegralista, assim como construir uma certa organicidade, isto é, uma interação constante entre novos e antigos camisas-verdes.

Uma das entidades neointegralistas que se destacava era a Editora Voz do Oeste, um importante instrumento de disseminação do pensamento integralista e, ainda mais, de defesa do legado de Plínio Salgado. A editora, cujo nome fazia referência ao romance *A voz do Oeste* publicado por Plínio Salgado em 1934, foi fundada por ele na década de 1970. Após sua morte, a editora passou a ser coordenada por seu núcleo familiar e, posteriormente, por militantes. Carmela Salgado ocupou o cargo de editora responsável, auxiliando a manter viva a obra do chefe, assim como na demonstração da atualidade do pensamento integralista.

Em 1981, Maria Amélia Salgado organizou a coletânea *O integralismo: síntese do pensamento político-doutrinário de Plínio Salgado*, que buscava afirmar a atualidade do pensamento político de seu pai. O livro, mais do que a simples homenagem ao movimento integralista, era uma afirmação da liderança incontestável de Plínio Salgado. O recado era claro: o verdadeiro integralismo teria que fazer referências ao pensamento do chefe. De fato a editora teve algum sucesso nesse empreendimento. Em 1981, em parceria com a Secretaria de Cultura de São Paulo na gestão do deputado Cunha Bueno — próximo dos círculos neointegralistas —, no mandato do governador Paulo Maluf, a editora promoveu a reedição do livro *Nosso Brasil*, de Plínio Salgado, publicado originalmente em 1937.

O livro foi distribuído às escolas de São Paulo, com prefácio escrito pelo jornalista Arruda Camargo: "Se houve um homem, neste país, que se preparou, cuidadosamente, para a missão que viria a desempenhar, na vida brasileira, como pensador, poeta, escritor, orador, político, esse homem foi Plínio Salgado." Ainda assim, a Editora Voz do Oeste não foi a principal organização neointegralista nos primeiros anos da década de 1980. Em São Paulo, na avenida Casper Líbero, n. 36, surgiu um dos principais grupos durante os anos finais da ditadura militar e que teve, como atuação inicial, a conservação da memória integralista, a Casa Plínio Salgado.

Idealizada por integralistas, como o militante desde os anos 1930 Rui de Arruda Camargo e Carmela Salgado, a Casa ocupou um espaço muito importante, dado o momento de desarticulação entre os neointegralistas. Conseguiu reunir diversos membros que estavam, até então, de certo modo, dispersos. Descrita como uma associação sem fins lucrativos, a Casa Plínio Salgado foi criada em 1981. O ato de fundação foi uma reunião realizada no dia 10 de outubro de 1981, em São Paulo, sob a presença de alguns guardiões do passado integralista. Alguns militantes haviam sido convocados, antecipadamente, por cartas enviadas por Carmela Salgado. Muitos não conseguiram estar presentes, seja por distância, falta de agenda ou por questões de saúde.

Integralistas de diversas gerações estiveram presentes na reunião, como a viúva de Plínio e os irmãos Pedro Baptista Carvalho e José Baptista Carvalho. Os irmãos Carvalho atuavam no integralismo, juntamente, há décadas. Por meio de uma história pessoal construída em organizações como os Centros Culturais da Juventude e no Partido de Representação Popular, havia um grande comprometimento com a ideologia integralista, além da adoração a Plínio Salgado. Essa relação explica o fato de os irmãos Carvalho terem se tornado os líderes da Casa, inclusive sucedendo um ao outro na presidência da entidade e, mais que isso, assumindo o papel de guardiões do passado e do legado integralista.

O imóvel, localizado no centro de São Paulo, era estratégico. Além de ser um espaço para a reunião da velha guarda integralista, a sede contava com uma biblioteca e um acervo histórico destinados ao integralismo. Era um espaço de confraternização, mas também de reflexão e de socialização.

A Casa não é um grupo político organizado. Aberta e com atuação até hoje, é mais um local de memória e comemoração. Ela teve importância crucial no início da década de 1980. Em um processo mediado por integralistas das antigas gerações, uma animada geração de novos militantes passou a conhecer o integralismo. Além disso, militantes de outras organizações da extrema direita brasileira transitavam no espaço. Logo, foi gerado um espaço de interação e interlocução constante entre militantes do nacionalismo de direita no Brasil.

Durante décadas, o integralismo teve a imprensa como fator principal de divulgação e doutrinação. No início da década de 1980, não existia um meio de imprensa hegemônico no âmbito integralista, e sequer se pode falar sobre uma imprensa articulada no campo da extrema direita. Assim, a existência de um espaço físico como a Casa reproporcionou o contato direto e cotidiano entre esses militantes que estavam dispersos, mas unidos em torno de um ideal e visão de mundo. Isso, no entanto, não quer dizer que houve uma padronização dos neointegralistas. Longe disso, aliás. De fato, por vezes eles tinham e têm interesses políticos distintos, mas a criação e a utilização do espaço da Casa Plínio Salgado foram de grande importância, como pode ser averiguado na tentativa de formação de partidos políticos integralistas.

Neointegralismo e os partidos: do PAN ao PAI

Em 1985, a transição democrática ensaiava os passos finais. Após os longos dias que duraram 21 anos, o Brasil retornava mais uma vez para o contexto democrático. Para os integralistas, o ambiente da redemocratização apresentava contradições. Por um lado, a valorização da democracia pela maioria da sociedade brasileira implicava, de imediato, dificuldades para a disseminação do integralismo. Por outro lado, havia uma possibilidade de atuação, em meio a uma nova configuração política. O espaço da extrema direita brasileira estava vago e os integralistas tentariam preenchê-lo.

Afinal, se durante a ditadura os integralistas não conseguiram construir uma entidade bem organizada, com o contexto democrático, havia algumas possibilidades, inclusive em forma de partido político. Surgiu assim a proposta de criação de um partido nacionalista, inspirado no integralismo: o Partido de Ação Nacionalista (PAN), que era liderado por Rômulo Augusto Romero Fontes, advogado e antigo militante da esquerda, e Antônio Carlos Meirelles, jornalista e bispo de uma Igreja Mórmon, ambos com recente atuação em organizações da direita.

Embora não fosse um grupo estritamente integralista, o PAN buscava atrair esses militantes. Para isso, criticava a atuação da Casa Plínio Salgado. Sobre a ação dos integralistas no *lobby* da constituinte, para a *Folha de S.Paulo*, Antônio Carlos Meirelles criticou duramente o posicionamento da Casa Plínio Salgado. Para ele, era danosa a postura pouco ativa dos líderes da Casa sobre o integralismo e as obras de Plínio Salgado. Dessa maneira, o secretário-geral do PAN buscava chamar a atenção dos integralistas para que eles apoiassem em massa o partido.

Havia um discurso que apresentava o PAN como uma organização robusta, que possuía 18 núcleos organizados em diversos estados, no entanto a realidade desmentia essa afirmação.

Em agosto de 1985, o PAN divulgou circulares para a organização de núcleos de ação partidária, em Brasília, destinados a orientar a filiação. Dois integralistas constavam como responsáveis pela iniciativa na capital federal: Abel Rafael Pinto, ex-deputado federal pela Arena e que havia militado na AIB e no PRP de Minas Gerais, e Guido Mondin, com largo histórico de militância na AIB e no PRP do Rio Grande do Sul. A relação da militância integralista com a organização de partidos políticos não era consenso absoluto. Existia uma disputa entre aqueles que queriam ver o integralismo como partido e aqueles que eram contrários a esse tipo de atuação. Algumas críticas a esse tipo de articulação (ou aos métodos utilizados) vinham dos próprios apoiadores da organização do PAN.

Em maio de 1986, antigos membros da AIB e do PRP, reunidos em torno do chamado Grupo de Brasília, lançaram um manifesto noticiado no *Correio Braziliense*. No texto, expressavam a insatisfação "com o modo pelo qual tentam reagrupar-se, em vários pontos do Brasil, antigos companheiros de ideal". O manifesto contava com 35 assinaturas, que eram lideradas justamente por Guido Mondin e Abel Rafael. O grupo repudiava a relação de entidades integralistas com partidos e outras organizações de caráter político. Por fim, comunicava a refundação da Sociedade de Estudos Políticos, que seria uma entidade civil, apartidária e dedicada ao estudo da realidade nacional.

Em outro manifesto divulgado no mesmo dia — 13 de maio de 1986 —, o Grupo de Brasília reafirmava as críticas. No entanto, o segundo manifesto previa a fundação de outro pequeno grupo neointegralista, o Centro de Estudos Políticos e Sociais, que teria as exatas funções e natureza que a pretensa Sociedade de Estudos Políticos. Essas questões demonstram que, na realidade, o PAN não conseguiu se estruturar como órgão partidário dos integralistas. Na verdade, apesar de muitos grupos, o neointegralismo tinha pouca atuação.

Em 1989, o neointegralismo passou por dificuldades e novas configurações com o falecimento de Carmela Salgado. As palavras de sua enteada, Maria Amélia Salgado, davam a dimensão da perda de Carmela para o cenário neointegralista. Em texto publicado em um breve jornal de nome *O Integralista*, a filha de Plínio descrevia Carmela como "Uma admiradora permanente de seu marido. Uma entusiasta incorrigível, que até no próprio dia de sua morte ainda fazia planos para o futuro." O momento foi marcado também pelo contexto das primeiras eleições diretas após o fim da ditadura.

Ocorria, nesse momento, a tentativa de criação de um partido, este sim enunciadamente integralista, o Partido de Ação Integralista (PAI). O grupo que articulava o PAI reunia antigos nomes do neointegralismo, como Jáder Medeiros, que se relacionavam por meio de entidades como a Casa Plínio Salgado. Em reportagem publicada no jornal *O Globo* em fevereiro daquele ano, os integralistas afirmavam que existia uma possibilidade de candidatura de um dos maiores nomes do integralismo, Miguel Reale. O antigo líder, no entanto, era totalmente contrário à ideia: "Hoje sou um social-liberal. Fui integralista há 40 anos."

Partido de Ação Integralista
(cabeçalho de documento interno)

Fonte: Acervo AIB/PRP-Delfos/PUCRS.

Em uma convenção realizada na Ilha do Governador, Zona Norte do Rio de Janeiro, o PAI foi oficializado em 1º de maio de 1989. A programação previa a eleição do presidente do partido, seguido de uma homenagem a Carmela Salgado, além de um show com cantores e sorteios de bicicletas, churrasqueiras e aparelhos de jantar. No entanto, a tentativa de criar um partido integralista foi um fracasso, não apenas pela indecisão dos integralistas em se organizar como partido político ou não, mas também devido às tensões existentes naquela que foi a principal organização neointegralista nos anos 1980 e 1990, a Ação Integralista Brasileira.

Ação Integralista Brasileira: o retorno

Em outubro de 1987, o integralismo comemorava 55 anos. Era uma importante data para os camisas-verdes e para as blusas-verdes. Um momento de reflexão sobre o passado integralista e, claro, a ocasião ideal para propor novas ideias para o futuro do integralismo. Mais uma vez, a questão que estava em jogo era a seguinte: qual a organização integralista para os próximos 50 ou 100 anos? O passado integralista se fez presente. O caminho escolhido foi o de retorno às origens. Os integralistas, ou parte deles, buscariam recriar, mais uma vez, a Ação Integralista Brasileira.

A partir desse momento, o cenário neointegralista ganhou destaque não apenas no panorama dos integralistas remanescentes e no campo da extrema direita brasileira, visto que passou a ocupar espaço no noticiário nacional. Além das páginas destinadas à política, estavam também nas páginas policiais, e um dos principais responsáveis era Anésio de Lara Campos Júnior.

Advogado paulista, Anésio Lara foi membro do Partido de Representação Popular a partir dos anos 1950. Esse foi o momento em que formou-se integralista e é o ponto de partida para uma longa militância na extrema direita. Na década de 1980, Anésio tentou recriar, entre outras organizações, o Movimento Integralista Brasileiro e a Liga Eleitoral Católica, que, nos anos 1930, havia sido um importante instrumento da atuação política do conservadorismo católico. Além disso, participou da formação da Ação Nacionalista Brasileira, que foi um dos grupos neointegralistas surgidos da Casa Plínio Salgado, que, sem sucesso, tinha o objetivo de formar um partido político.

Em 1986, Anésio Lara se candidatou a deputado para a Assembleia Constituinte pelo Partido Democrata Cristão (PDC). Na sua campanha, defendia a pena de morte, o combate à homossexualidade e a diminuição da idade de responsabilidade penal, obtendo menos de 500 votos.

Em 1987, no Restaurante Amarelinho, tradicional ponto de encontro na Cinelândia, centro do Rio de Janeiro, a AIB foi novamente recriada com a presença de 50 integralistas. No boletim da convocação da reunião, os integralistas afirmavam que estavam cansados de estar "deitados em berço esplêndido". No encontro em que os integralistas se dividiam entre os que tomavam chopes e aqueles que preferiam suco de laranja, a proposta defendida era realizar uma grande marcha em defesa de Cristo e pela nação. Além disso, os camisas-verdes sonhavam em chegar ao poder e instituir uma democracia sem partidos políticos e com eleições indiretas para presidente, governadores e prefeitos.

Nesse momento, ao menos em discurso, o grupo liderado por Anésio Lara se julgava no poder. Em teoria, seria representado pelo então ministro do Planejamento, do governo José Sarney, Aníbal Teixeira, um águia-branca na década de 1950. Havia a afirmação da atualidade da cartilha integralista, uma vez que o ministro não se apresentava como integralista, mas seria na visão do movimento um eterno militante da causa. Além dele, eram citados outros ex-integralistas, como o jurista Miguel Reale, Ivan Luz e Alberto Hoffmann, ambos do Ministério de Contas da União. A lista era extensa e bastante imaginativa: o ex-ditador Emílio Garrastazu Médici, Alfredo Buzaid, os pais do ditador João Figueiredo, assim como Risoleta Neves e Scylla Médici, esposas, respectivamente, de Tancredo Neves e do ditador Médici. Todas essas pessoas teriam, em algum grau, alguma relação com o ideal integralista.

Os militantes, porém, não entraram em consenso sobre qual roupa usariam para tentar alcançar o poder. A "nova" AIB tinha dúvidas se as camisas verdes eram a melhor alternativa. Afinal de contas, os fascistas italianos usavam camisas negras, os fascistas alemães trajavam camisas cáquis, e os fascistas brasileiros vestiam as camisas verdes. Logo, se era complicado propor uma alternativa antidemocrática no Brasil em vias de redemocratização, assumir com o traje fascista — integralista — parecia ser um cálculo arriscado do ponto de vista político. Ainda assim, muitos camisas-verdes frequentaram o Restaurante Amarelinho.

O debate sobre qual roupa vestir é algo essencial para a sobrevivência do movimento e o entendimento do neointegralismo. A inexistência de uma norma sobre a indumentária, assim como o fato de alguns militantes usarem as camisas verdes enquanto outros preferiam trajes civis, demonstra que não havia uma liderança que ditava as regras para esses militantes — ou, ainda, se havia uma regra, ela não era seguida de igual maneira. Logo, a camisa verde era uma escolha mais individual do que coletiva e da própria organização. Já a saudação *Anauê!* e a utilização do *Sigma* não eram um problema, mas, sim, um consenso.

Os planos da recém-nascida AIB da Nova República envolviam a realização de uma convenção nacional em 22 de janeiro de 1988, para a eleição de uma nova chefia para o integralismo. A disputa de cargos nas eleições de 1989 era também uma proposta ventilada. A possibilidade de transformar a nova AIB em partido político não era desmerecida. Outro objetivo expresso do grupo era defender-se contra acusações de similaridades com o nazifascismo.

Enquanto isso, os membros da AIB se reuniam para estudar a doutrina integralista. No Rio de Janeiro, na avenida Rio Branco, funcionava a seção fluminense do grupo, cujo presidente era o médico Sebastião Cavalcante, que em janeiro de 1988 foi eleito para a presidência nacional da AIB, substituindo Anésio Lara. Essa eleição marcou um processo mais amplo de disputa política. Quando figuras como Anésio Lara articularam a nova AIB, eles o fizeram sem o aval expresso da família de Plínio Salgado e de outros guardiões integralistas. Existia uma disputa de poder entre a legitimidade de liderança de Anésio Lara. A substituição da presidência do grupo, para a ala jovem do movimento, era vista como um sinal de renovação, ou seja, novas ideias, novas posturas. Uma das propostas da nova presidência era difundir o ideal integralista nas escolas e universidades. Essa iniciativa visava tanto ampliar o pensamento integralista para a juventude quanto disputar o espaço com a atuação de grupos de esquerda destinados à militância estudantil.

Jader Medeiros e Sebastião Cavalcante de Almeida (1987)

Fonte: Frente Integralista Brasileira.

Outra proposta do grupo da AIB vitorioso era formar uma entidade autônoma, uma Juventude Integralista, que teria, de acordo com as estimativas do grupo, cerca de 70 militantes em escolas tradicionais do Rio de Janeiro, como o Colégio Pedro II. As porções mais jovens se manifestavam dispostas a pensar novas estratégias para a conquista de poder político, mas rechaçavam a organização em partido político. Aí existia mais uma disputa. Para Anésio Lara, agora ex-chefe nacional da AIB, a fórmula ideal para reativar o integralismo em nível nacional era o lançamento de um candidato integralista à Presidência da República nas eleições de 1989.

A questão geracional implicava diversos conflitos. Os membros mais jovens, articulados em grupos como a Juventude Integralista, buscavam a atuação mais intensa e, em certo sentido, mais radical do integralismo. Além da doutrina integralista, eles valorizavam o culto ao corpo, como estratégia de uma vida saudável para a disputa política. Pregavam, continuamente, sobre a necessidade de criação de uma nova civilização, em busca de uma vida mais simples, com menos consumismo e mais distante de um modelo pequeno-burguês. A contraposição entre membros antigos e novos existia em temas dos mais diversos, como a questão da dívida externa nacional. Por um lado, os membros mais velhos privilegiavam uma auditoria da dívida, enquanto a porção mais jovem propunha o não pagamento. De todo modo, a nova AIB parecia conseguir reunir militantes de diversas gerações em torno de um ideal integralista.

Essa relação existia não apenas no plano das ideias, mas também em momentos em que os integralistas voltavam às ruas. Previa-se a execução de uma verdadeira congregação entre militantes integralistas de diversas gerações e interesses, no entanto a prática era muito diferente do imaginado.

Uma nova batalha da praça da Sé?

O ano de 1988 foi marcado pela nova Constituição Federal, com seu tom contrário ao autoritarismo. No dia 1º de maio daquele ano, na praça da Sé, em São Paulo, a Central Única dos Trabalhadores (CUT) promovia seu tradicional ato em comemoração ao dia dos trabalhadores. Um evento de grande importância devido à concentração populacional significativa e à presença de fábricas importantes. Nessa data, é historicamente comum que diversas entidades de classe e centrais sindicais promovam grandes atos de confraternização e reivindicações de cunho trabalhista. Além das entidades representativas, é costumeira a presença de diversas lideranças de grupos organizados de esquerda, que se manifestam sobre temas como desemprego, condições de trabalho, assim como questões mais amplas, relacionadas com as temáticas políticas.

No 1º de maio de 1988, mais de 2 mil pessoas se deslocaram ao evento no centro de São Paulo, que teria como momento auge o discurso de um dos principais protagonistas da história da esquerda brasileira, Luís Carlos Prestes, líder da Coluna Prestes e antigo secretário-geral do Partido Comunista Brasileiro. Momentos antes do pronunciamento de Prestes, iniciou-se uma intensa agitação. Cerca de 100 integralistas, trajados de camisas e camisetas verdes, carregavam uma bandeira integralista. Eles se aproximaram da praça da Sé, liderados por Anésio Lara, com o objetivo de invadir o palanque em que era realizado o comício da CUT.

O grupo de 100 militantes era uma parte de um grupo ainda maior, com cerca de 400 militantes de grupos diversos da extrema direita, formado por militantes vindos de diferentes cidades, como Rio de Janeiro, Brasília, Belo Horizonte, Curitiba, Porto Alegre e São Paulo. A ideia inicial desses grupos era realizar uma ação paralela ao ato da CUT. Seriam manifestações próximas, mas que não ocupariam o mesmo espaço. O protesto da extrema direita seria contra o imperialismo vermelho e a exploração política dos trabalhadores pelas multinacionais. Por fim, planejavam queimar as bandeiras dos Estados Unidos e da antiga URSS. Foi desse ato previsto que saíram os 100 militantes, liderados por Anésio, que partiram rumo à praça da Sé.

Anésio dizia que o ato foi movido pelo interesse em demarcar a presença integralista em meio a diversas bandeiras vermelhas comunistas. A reação dos presentes — em especial dos militantes da CUT — foi imediata. Armou-se uma confusão, com ofensas verbais e agressões físicas. O confronto só teve fim após a intervenção da Polícia Militar, que deu tiros para o alto. Depois da agitação, alguns líderes neointegralistas se vangloriavam. Nas palavras de Anésio Lara, o ato dos integralistas havia demonstrado que ainda existiam patriotas no

Brasil. Para Rômulo Fontes, diretor do jornal *Ação Nacional*, o ataque dos vermelhos havia sido respondido à altura pela juventude integralista. Por outro lado, para Jorge Coelho, presidente estadual da CUT, a ação dos integralistas era uma provocação fascista e infantil, de uma direita que não aceitava a democracia e os resultados eleitorais.

O saldo efetivo do ato, além de uma certa publicidade conquistada pelos camisas-verdes, foi de mais 20 integralistas detidos. Todos foram liberados em questão de horas pelo delegado do 1º Distrito Policial, José Carlos Sanches. A confusão na praça da Sé se tornou pública não apenas pelo fato da existência de grupos integralistas, e sim porque ficou nítida a relação da AIB, em especial a porção liderada por Anésio Lara, com outros grupos da extrema direita brasileira. Além da Ação Integralista Brasileira, outros movimentos de extrema direita participaram, como o Partido de Ação Nacionalista, alguns pequenos grupos como Pátria e Liberdade — da região do ABC paulista — e Pátria Livre e, especialmente, os Carecas do Subúrbio.

Nas imagens da confusão, documentadas pela imprensa, um careca do subúrbio é contido por um policial: com as mãos para trás, o jovem integralista estava sem camisa e vestindo calças e coturnos, roupas típicas dos carecas. Dessa maneira, esse evento foi marcante não apenas pelo ato em si. Além da relação do neointegralismo com atos violentos, a interação da AIB com grupos *skinheads* havia ficado evidente.

A AIB e os *skinheads*

Os Carecas — do ABC, Subúrbio, Rio de Janeiro, entre outros — são, até hoje, a principal expressão dos *skinheads* no Brasil. Nos anos 1980, eram uma novidade no cenário das culturas juvenis urbanas. Embora pareça contraditório, os Carecas surgiram, no Brasil, como uma dissidência do movimento *punk*, sendo estes caracterizados por um perfil progressista e, não raras vezes, politicamente anarquista.

Nos meados dos anos 1980, diversas disputas entre tendências do movimento *punk* paulista levaram alguns setores a adotarem um perfil conservador, moralista e ligeiramente militarizado. Adeptos de práticas reacionárias, assim como de discursos contrários à homossexualidade e em defesa da família, logo assumiram uma feição mais próxima ao campo da extrema direita, gerando inclusive uma grande rivalidade com os grupos *punks*. A aproximação de grupos *skinheads* com grupos políticos da extrema direita não é uma peculiaridade brasileira. Na Inglaterra, local de origem, ocorreu processo similar. O nacionalismo e a postura conservadora, assim como o culto à força física e à masculinidade, eram traços em comuns entre jovens *skinheads* e organizações da extrema direita, em especial de grupos neonazistas, como o *National Front* inglês.

As organizações de extrema direita utilizaram os *skinheads* como espécie de força paramilitar. A AIB — sobretudo em relação às iniciativas de Anésio Lara — buscou criar algo similar. Logo, uma relação que acontecia apenas nos círculos de socialização da extrema direita brasileira, baseada em pilares como o intenso anticomunismo, passou a ser de conhecimento público após o 1º de maio de 1988. Depois dos confrontos na praça da Sé, a relação começou a ser esmiuçada.

A aproximação da AIB com os Carecas havia ocorrido oficialmente dois meses antes do 1º de maio. Na ocasião, Antônio Carlos Meirelles — ex-PRP e principal nome da AIB em São Paulo, ao lado de Anésio Lara — havia se reunido com cerca de 60 membros dos Carecas, como forma de apresentar o movimento aos jovens. Uma das razões para isso foi o desejo dos *skinheads* brasileiros em adotar uma postura parecida aos seus semelhantes em outros países. Os Carecas, no Brasil, buscavam repetir o que acontecia em países como Inglaterra, Estados Unidos, França e Alemanha. A relação dos grupos *skinheads* com organizações políticas da extrema direita era um certo padrão a ser reproduzido, visto que havia uma grande semelhança de ideias em temas como o machismo, a homofobia, a misoginia, o conservadorismo, o antissemitismo, entre outros.

A relação da AIB com os Carecas teve continuidade. Em maio de 1988, a Ação Integralista Brasileira se reuniu para empossar novos membros da diretoria da seção paulista do grupo. Na ocasião, Anésio Lara afirmava que era necessário libertar os povos do comunismo ateu. Entre pouco mais de uma centena de presentes, como outras lideranças da AIB e de Carmela Salgado, chamou a atenção a presença de cerca de seis Carecas do Subúrbio, que estavam na porta do auditório. Eles estavam lá tanto para fornecer a segurança do evento quanto em razão de sua proximidade de ideias. Um dos presentes afirmou: "também somos nacionalistas."

AIB, neonazismo e o afastamento de Anésio

Apesar de Anésio Lara não ocupar a presidência da AIB desde 1988, fato é que ele era a figura de destaque do grupo. Durante o ano de 1989, o nome de Anésio Lara esteve em destaque não apenas pela sua atuação como líder da AIB, tampouco por suas relações com os Carecas, mas, sobretudo, pelas suas colaborações com grupos neonazistas.

Em junho de 1989, os líderes da AIB começaram a se movimentar pela expulsão de Anésio Lara da entidade, na qual ocupava o cargo de vice-presidente. O principal motivo para essa decisão esteve associado a um fato específico. No dia 20 de abril de 1989, organizações neonazistas haviam convocado um ato em homenagem ao aniversário de Adolf Hitler, realizado em São Paulo, na praça Ramos de Azevedo.

Na ocasião, Anésio Lara esteve presente e, mais que isso, vestido com sua camisa verde. O evento, que homenageava o centenário do nascimento de Hitler e defendia que o líder nazista era o maior injustiçado da história, contou com a presença de membros de diversas organizações, como o Partido Nacional Socialista Brasileiro, liderado por Armando Zanine, que buscava, na época, criar um partido político neonazista. No mesmo ano, Anésio Lara esteve na TV Bandeirantes, no programa *Canal Livre* — comandado por Silvia Poppovic —, juntamente com Zanine e um integrante dos Carecas do ABC, e tentaram negar o holocausto.

O programa havia sido gravado justamente devido à repercussão do ato em defesa de Adolf Hitler. Além disso, naquele momento, os debates em torno do discurso de negação do holocausto estavam bastante em alta no Brasil. Em Porto Alegre, por exemplo, havia uma pequena livraria e editora chamada Revisão, liderada por Siegfried Ellwanger Castan, que difundia diversas obras de literatura neonazista e negacionista, assim como diversos livros antissemitas de Gustavo Barroso, escritos em sua época integralista.

Não era de se espantar, portanto, que Anésio Lara fizesse uso, na ocasião, de diversos argumentos comuns aos negacionistas, afirmando a suposta inexistência das câmaras de gás, assim como de quaisquer planos nazistas de eliminação da população judaica da Europa e dos demais "inimigos" do nazismo. O impacto da participação de Anésio Lara foi muito grande, inclusive porque ele usava o uniforme integralista e se apresentava como filiado à Ação Integralista Brasileira. A existência da relação de Anésio de Lara Campos Júnior — e, consequentemente, do principal grupo integralista de então — com organizações neonazistas era extremamente malvista aos olhos de determinada ala dos integralistas.

As relações e proximidades entre o integralismo e o nazismo eram um tema problemático aos militantes integralistas desde o Estado Novo, quando eles eram acusados de "quinta coluna" e "agentes do eixo". Dessa maneira, qualquer vinculação explícita entre os integralistas e o nazismo deveria ser evitada, mas Anésio caminhava em sentido oposto. Em um período em que os neointegralistas queriam se afastar tanto da condição fascista como de neofascista, as atitudes de Anésio Lara em nada auxiliavam. Elas escancaravam a relação dos integralistas com outros grupos de ódio atuantes na sociedade brasileira.

Simultaneamente, Anésio Lara buscava articular-se para pleitear a candidatura à Presidência em 1989 por uma sigla desconhecida, o Movimento Monárquico Imperial Brasileiro. A candidatura não teve sucesso algum, inclusive por questões de legislação eleitoral. Sem o nome do partido na sigla, o movimento não poderia concorrer, de acordo com as regras eleitorais vigentes na época.

A atuação de Anésio Lara como uma das lideranças do neofascismo brasileiro era evidente. Mais que uma posição individual, suas escolhas e atitudes impactavam sua trajetória política individual e a do próprio movimento integralista e de seus integrantes. Ainda que Anésio estivesse afastado da AIB, ele estava associado simbolicamente ao movimento, pois empunhou a bandeira do *Sigma* em diversas ocasiões. Mesmo sem filiação oficial, Anésio Lara continuou a militar pelo integralismo.

Mais adiante, a polêmica envolvendo a relação entre Anésio Lara, a nova AIB e o neonazismo voltou à tona. No ano de 1992, os atos neonazistas estavam em crescimento no Brasil, especialmente em São Paulo.

Naquele ano, o SBT, canal de propriedade de Silvio Santos, produziu e veiculou um programa inteiramente dedicado ao neonazismo e ao neointegralismo. Apresentado por Roberto Maya, o programa *Documento Especial*, com o título *Cultura do Ódio*, causou um grande impacto. Diversos agrupamentos neonazistas e antissemitas foram retratados no programa, que buscava mapear o crescimento de agrupamentos de extrema direita no país.

Em determinado momento do programa, repleto de suásticas e saudações nazistas, Anésio Lara se destacou ao surgir em seu escritório vestindo a camisa integralista. No local, havia uma bandeira do Brasil Império e uma pintura com a face de Plínio Salgado, além de alguns exemplares de livros negacionistas do holocausto e de Gustavo Barroso. A partir dessa composição de um espaço integralista, Anésio Lara declarou em rede nacional: "Eu pessoalmente não acredito que tenha havido qualquer judeu morto, em qualquer câmara de gás, em qualquer campo de concentração alemão. Eu não acredito. Por que as câmaras de gás eram só para matar piolhos, não cabia nenhum ser humano nelas."

Na cena posterior, a imagem acompanha o caminhar de um grupo de Carecas do ABC, alguns deles vestindo capuzes. Após um breve corte, aparecem algumas dezenas de Carecas enfileirados em uma escadaria fazendo a saudação integralista enquanto seguram uma bandeira do Brasil — republicano — e uma bandeira com o *Sigma* integralista. Anésio Lara, juntamente com eles, afirma a necessidade de congregação entre todos aqueles nacionalistas, "contra o comunismo e todos os inimigos da pátria". Era evidente a existência da relação entre Anésio Lara e outros grupos intolerantes. Nesse contexto, ele utilizava o antissemitismo para conseguir espaço midiático, capital político e, claro, para difundir a intolerância que marcava seu pensamento.

Além do impacto das ideias e das práticas intolerantes, o militante integralista — monarquista, antissemita e neonazista — contava com outras formas para permanecer em destaque nos meios noticiosos. Anésio de Lara Campos Júnior era meio-irmão de Eduardo Suplicy, figura de destaque da esquerda brasileira e vinculado ao Partido dos Trabalhadores. Contra Paulo Maluf, em 1992, Suplicy estava em campanha para a Prefeitura de São Paulo e era diariamente atacado por seu laço familiar. É uma triste ironia se pensarmos que as ideias de Anésio, se colocadas em prática, impossibilitariam a atividade política do meio-irmão e, muito possivelmente, colocariam a sua existência em risco.

Em torno de uma ação política, Eduardo Suplicy levou Anésio Lara à Federação Israelita de São Paulo com o objetivo de promover uma desculpa pública pelas afirmações antissemitas e pelo discurso negacionista. A busca por apoio da comunidade judaica teve efeito contrário. Em um telão instalado no auditório da entidade, foi veiculado o vídeo em que Anésio afirmava que os fornos crematórios de Auschwitz eram destinados a queimar piolhos. A partir daí, o público presente passou a se revoltar com a presença de Anésio no local. Suplicy tentou se explicar — sem, contudo, defender o meio-irmão —, mas o ambiente ficou turbulento. Para Jayme Bobrow, presidente da Federação, Suplicy foi ingênuo.

Dias após esse evento, Anésio foi convocado pela Polícia Civil para esclarecimentos. O Centro de Tradições Nordestinas e a rádio Atual, ambos em São Paulo, foram invadidos e atacados. Na sede da rádio dirigida ao público nordestino, foi pichada uma suástica ao lado da frase "Fora ratos do Nordeste!". Anésio Lara era considerado provável suspeito, justamente por ser um dos envolvidos no programa *Documento Especial* veiculado pelo SBT. No mês de outubro, Anésio Lara e dois *skinheads*, um vinculado aos Carecas e outro pertencente ao White Power, foram indiciados pelo crime de preconceito racial. Nas notícias veiculadas pela imprensa da época, era destacada a filiação do advogado paulista ao movimento integralista.

Em resposta à agitação de grupos de extrema direita, inclusive a tendência integralista de Anésio Lara, mais de 30 entidades de defesa dos direitos humanos se uniram para criar o Movimento Democrático contra o Nazismo. Entre essas entidades, constavam a Comissão de Direitos Humanos da Ordem dos Advogados do Brasil (OAB-SP), a Federação Israelita, o Centro de Tradições Nordestinas e o Instituto Geledés, órgão destacado na luta antirracista.

Nesse momento, a prefeita de São Paulo era Luiza Erundina, vinculada ao PT, natural da Paraíba, algo tido como inconcebível para grupos racistas, intolerantes e misóginos. Em 21 de maio de 1992, Erundina sancionou o projeto de lei nº 11.213/92, que havia sido proposto pelo vereador Walter Feldman, do PSDB, ligado à comunidade judaica. A lei, com validade na cidade de São Paulo, previa multa e apreensão de material que divulgasse, com fins políticos, a suástica ou a cruz gamada. No dia seguinte, o jornal *Folha de S.Paulo* divulgou uma reportagem sobre o impacto dessa lei nos meios da extrema direita paulista. No centro da página, a imagem de Anésio Lara ilustrava a reportagem.

Em mãos, Anésio tinha consigo um pequeno livro e uma revista. O livro era *O nazismo: breve história ilustrada*, do historiador brasileiro Voltaire Schilling, publicado pela Editora da Universidade Federal do Rio Grande do Sul. O conteúdo do livro, que não era uma propaganda neonazi, não era o mais importante, mas, sim, a capa, com uma suástica impressa. Além do livro, Anésio Lara apresentava uma edição da *Cedade*, revista de extrema direita publicada na Espanha, espécie de boletim de um grupo formado por ex-membros do regime de Francisco Franco, de nazistas exilados na Espanha e demais organizações neonazistas e neofascistas. Na capa da edição, havia o rosto de David Irving, escritor inglês.

Autor de obras como *Hitler's war*, David Irving era uma figura famosa na imprensa, inclusive brasileira, em função do impacto gerado por suas obras dedicadas ao negacionismo do holocausto. Na capa da revista era possível ler, em destaque: "Pruebas contra el holocausto" (Provas contra o holocausto).

Vestido de camisa de linho verde, com gravata verde em tom mais claro, Anésio levava no peito dois broches alusivos ao integralismo, um deles com o símbolo da Milícia Integralista dos anos 1930, coordenada por Gustavo Barroso. No braço esquerdo, um brasão com o Sigma. Dois detalhes não menos importantes: os bigodes de Anésio lembravam vagamente os bigodes de Adolf Hitler. Ao fundo, uma grande bandeira integralista aparecia estendida. Anésio se apresentava como neointegralista, negacionista do holocausto e defensor do neonazismo.

Ao comentar a lei promulgada pela prefeita de São Paulo, Anésio Lara foi taxativo. Ao invés do banimento da suástica como símbolo político, a proibição deveria incidir apenas sobre um outro símbolo, a foice e o martelo. Além disso, o líder neointegralista afirmou que havia pedido anteriormente o fechamento do Partido dos Trabalhadores e iria repetir o procedimento. Prometeu, ainda, lutar pelo não banimento da suástica.

Essas questões acabaram por relacionar a AIB da Nova República a Anésio Lara e ao antissemitismo. Os planos dos demais integralistas em construir uma alternativa paulatina e menos radical em sua exterioridade fracassaram. Dessa maneira, enquanto Anésio Lara encampava o nome da AIB, outros neointegralistas buscavam alternativas.

O Centro Cultural Plínio Salgado

Com a crise gerada pelo envolvimento de Anésio Lara e da AIB com grupos neonazistas e *skinheads*, parte significativa dos integralistas propôs um passo atrás. Em vez de buscar uma forma de atuação mais voltada ao campo político, o neointegralismo teria que retornar ao culto da memória como forma de reconstruir seus laços e possibilidades.

Em 1995, além da Casa Plínio Salgado, que era o centro de articulação integralista, em especial em São Paulo, surgiu, no Rio de Janeiro, uma importante organização: o Centro Cultural Plínio Salgado (CCPS). Fundado na cidade de São Gonçalo, região metropolitana do estado do Rio de Janeiro, teve papel fundamental na tentativa de articular os neointegralistas após os problemas trazidos pelas ações radicais de Anésio Lara.

O CCPS foi idealizado por Arcy Lopes Estrella, advogado, um dos principais guardiões do passado integralista. Camisa-verde desde os anos 1930, dr. Arcy participou não apenas das principais organizações integralistas — AIB e PRP — como também teve papel de destaque em tantas outras siglas. Atuando no estado do Rio de Janeiro, foi diretor da União dos Lavradores do Estado do Rio de Janeiro, pequeno grupo integralista ligado à União Operária e Camponesa do Brasil. Por essas razões, Arcy Estrella era um dos líderes centrais do neointegralismo.

O Centro era, assim como a Casa, um espaço de conservação da memória integralista e de socialização entre membros de pequenos grupos da extrema direita, e sua sede ficava na própria casa de Arcy Estrella. Por meio de boletins, como *Alerta* e *Idade Nova*, o líder do CCPS buscava reunir os integralistas dispersos, sobretudo durante os anos 1990 — e após o impacto das ações de Anésio Lara.

Nos periódicos dirigidos por Arcy Estrella, era possível entender o impacto do CCPS no cenário neointegralista após as agitações de Anésio Lara. Além dos textos doutrinários, os militantes escreviam sobre suas experiências no movimento e os sonhos para o futuro integralista. As páginas dos boletins, embora produzidas com certo amadorismo, articulavam os laços que foram abalados nos últimos anos.

A divulgação de jornais e boletins de outras localidades ajudava a criar uma rede de interação entre os neointegralistas. Não menos importante era a seção de cartas, um espaço ideal para os integralistas se conhecerem. Novos militantes enviavam seus recados e conheciam pessoas das mais variadas idades, todas elas com disposição para difundir os ideais integralistas.

A atuação do CCPS auxiliou os integralistas a se conectarem. Era um momento de reorganização do movimento. Em São Gonçalo, foi estabelecido um espaço de intensificação do cotidiano neointegralista, em que amizades e diálogos eram fortalecidos. Além disso, os boletins da entidade proporcionaram o espaço ideal para que uma nova geração tivesse voz e, mais importante, fosse ouvida. Por meio dessas relações, diversos pequenos grupos neointegralistas foram criados, como o Centro de Estudos Históricos e Políticos, que atuava na cidade de Santos. Ainda que o CCPS não formalizasse um grupo integralista organizado, ele criou esse espaço, tendo como principal grupo surgido o Centro de Estudos e Debates Integralistas, o Cedi.

Centro de Estudos e Debates Integralistas: o integralismo para o século XXI?

Ao final dos anos 1990, o neointegralismo estava reduzido a poucos militantes. Depois de alguns anos com ligeiro crescimento de militantes e organizações, os neointegralistas encontravam-se desconexos e fragilizados. Havia certo trauma associado à atuação de Anésio Lara na Ação Integralista Brasileira. A imagem pública do integralismo estava bastante arranhada. Além disso, não havia, de fato, qualquer grande plano para a agitação e a propaganda. Os velhos integralistas, por sua vez, demonstravam sofrer com a dura marcha do tempo. Nesse contexto, surgiu Marcelo Mendez, uma figura que agitaria o neointegralismo na passagem para o século XXI.

Marcelo Mendez significava a nova geração integralista. Era um tímido jovem administrador de empresas, caixa de um restaurante na orla de Copacabana, que entrou em contato com o integralismo nas reuniões realizadas por Arcy Lopes Estrella, na sede do Centro Cultural Plínio Salgado. Em pouco tempo, Marcelo se destacou como um militante profundamente entusiasmado. Ele buscava encontrar formas alternativas de disseminação do ideal integralista e criticava as tentativas de ataques vindas de outros grupos da extrema direita brasileira, em especial dos grupos neonazistas.

Apesar de jovem, Mendez despontou como uma liderança emergente do neointegralismo não apenas por sua capacidade em dialogar com outros grupos da extrema direita, mas, sobretudo, por propor o uso de uma nova ferramenta: a internet. Por essas razões, mesmo sendo novato no integralismo, Mendez mantinha um bom relacionamento com a velha guarda do movimento, que o enxergava como uma possível liderança para o integralismo do século XXI. Dessa forma, no ano de 1999, com o auxílio de Arcy Lopes Estrella, Mendez fundou informalmente o Centro de Estudos e Debates Integralistas (Cedi). Junto ao CCPS, o Cedi foi a principal organização integralista nessa transição do século XX para o XXI.

Marcelo Mendez visita o túmulo de Plínio Salgado

Fonte: Frente Integralista Brasileira.

O marco oficial do início do Cedi foi a realização de uma missa no dia 16 de junho de 2001, celebrada pelo padre Chrispim — afilhado de Plínio Salgado e um constante defensor da causa integralista, assim como da memória de seu padrinho. Na celebração da missa, estavam presentes integralistas da velha e da nova geração, assim como representantes de outros pequenos grupos da extrema direita brasileira, como integrantes do Círculo Monárquico. Isso demonstrava uma característica marcante do Cedi: a tentativa de agregar membros de diversas organizações do mesmo campo político como forma de fortalecimento do neointegralismo.

Durante a celebração da missa, houve um momento marcante: a entronização de Nossa Senhora de Fátima como padroeira do Cedi. Esse ato envolvia a tentativa de aproximar os integralistas e o grupo Tradição, Família e Propriedade (TFP). Fundado em 1960 pelo escritor católico Plínio Corrêa de Oliveira, a TFP é uma entidade ultraconservadora que partilhava com o integralismo o intenso anticomunismo e os valores antidemocráticos. Possui uma forte relação com os monarquistas. Dois membros destacados da TFP são os reprentantes da casa imperial brasileira, dom Luiz de Orléans e Bragança e seu irmão dom Bertrand de Orléans e Bragança. Embora a TFP não seja um grupo fascista, há muitas similaridades com o integralismo, em especial o conservadorismo católico, o principal ponto de encontro entre as duas organizações.

Além disso, o Cedi tinha uma simbologia que expressava a relação entre os grupos liderados pelos dois *Plínios*. O leão rampante, em posição de ataque, no caso da TFP, sempre voltado à esquerda (simbolizando a luta contra as ideologias de esquerda), fazia parte da iconografia do Cedi. No caso, o leão da TFP ladeava a imagem de Plínio Salgado. A partir dessa relação simbiótica, o Cedi propunha fazer uma síntese entre o integralismo e a TFP.

Ainda no ano de 1999, o Cedi estabeleceu um marco nas formas de divulgação e disseminação, estratégias que, mais adiante, seriam maciçamente utilizadas por outros grupos neointegralistas: a inauguração de seu website, no dia 1º de setembro daquele ano. A iniciativa de construir um site para o integralismo veio como forma de diminuir um grande problema: a falta de espaços — e meios — de divulgação do integralismo — à maneira militante —, pois, além da questão da dificuldade de aceitação da população de uma proposta autoritária aos moldes do integralismo, muitos simplesmente não sabiam da existência uns dos outros.

Os diversos traços em comum entre a TFP e o integralismo eram idealizados como motivos concretos para a formalização de uma aliança e/ou cooperação entre os dois grupos, algo que, de fato, nunca ocorreu oficialmente. O trânsito entre siglas e associações refletia na própria circulação de Marcelo Mendez. Ele era, ao mesmo tempo, sócio da Casa de Plínio Salgado, membro do movimento pró-monarquia, do Círculo Monárquico do Rio de Janeiro, do Centro Cultural Plínio Salgado e do Apostolado da Oração, vinculado à Igreja Católica.

Após pouco tempo de atuação como líder do Cedi, Marcelo Mendez foi reconhecido como líder neointegralista. Em outubro de 2001, o *Jornal do Brasil* produziu uma reportagem de destaque com Marcelo Mendez, em que ele buscava dissociar o neointegralismo das expressões mais radicais: "Tem alguns companheiros que querem quantidade e não qualidade. Mas não basta usar uma camisa verde e tatuar o Sigma no braço para ser um integralista."

Essa era uma clara tentativa de Marcelo Mendez em dissociar seu grupo das experiências traumáticas entre neointegralismo, neonazismo e negacionismo. Nessa ocasião, o líder do Cedi elogiou apenas um grupo em crescimento na direita brasileira, o Partido de Reedificação da Ordem Nacional, o Prona, de Enéas Carneiro. De fato, havia algumas diferenças entre o Cedi e o CCPS, de Marcelo Mendez e Arcy Estrella, e a AIB de Anésio Lara. O grupo de Anésio era voltado a um neointegralismo mais intolerante, radical, conspiracionista, antissemita e aproximável ao neonazismo. Já o grupo liderado por Marcelo Mendez e Arcy Estrella buscava uma articulação mais ampla e menos radical, ainda que dentro do campo da extrema direita. E isso não era mero detalhe.

A disputa entre neointegralistas radicais e conservadores tornou-se bastante intensa. Em 2001, os sites integralistas vinculados ao Cedi divulgaram um manifesto, lançado no dia de aniversário de Plínio Salgado. Por meio desse documento, Marcelo Mendez propunha a ruptura dos integralistas com grupos como neonazistas, *skinheads* e afins. Ainda que essas ranhuras fossem fruto mais de uma disputa interna do que efetivamente a dissociação ideológica entre esses grupos, os impactos foram grandes.

Marcelo Mendez saía desse quadro como uma grande liderança neointegralista. Para o integralismo do século XXI, representava um nome forte para traçar planos de sucesso para o futuro dos camisas-verdes. Apesar disso, as disputas entre as tendências neointegralistas foram além do esperado, uma vez que envolveram questões pessoais que transcendiam ao ideal integralista.

Na madrugada do dia 28 de fevereiro de 2002, Marcelo Mendez trajou sua camisa verde e partiu rumo ao Mausoléu integralista no Cemitério do Caju, no centro do Rio de Janeiro. Momentos antes, vários integralistas receberam um alerta de e-mail vindo do líder do Cedi. A mensagem de Marcelo Mendez era bastante forte. O líder neointegralista acusava os antigos colegas e denunciava a infiltração do neonazistas no movimento integralista. Dizia que seus inimigos poderiam achar que tinham conquistado uma vitória completa.

Enquanto os antigos colegas de Marcelo Mendez liam essa mensagem, o líder do Cedi não estava mais vivo. Ele havia cometido suicídio no mesmo local em que os integralistas haviam sepultado outros mártires do passado. "Tenho grandes esperanças que de agora em diante o Cedi possa deslanchar de vez! Não permitam que a entidade que eu criei, e espalhei por todo o país, se desvaneça! Permaneçam firmes!"

O suicídio de Marcelo Mendez era um ato político que, no entendimento de Marcelo, era a favor do integralismo, que teria como efeito a resolução dos conflitos entre as diversas tendências dos camisas-verdes. A partir dessa ação, o Cedi seria uma espécie *Fênix Integralista*. A morte de Marcelo Mendez deveria significar o renascimento do integralismo. Na carta-testamento, ele solicitava ao padre Chrispim para que celebrasse missas em sua homenagem e pedia aos colegas para que rezassem por ele.

Mais uma vez, a morte de um integralista teria efeitos avassaladores no movimento. O neointegralismo, que tivera surgimento com a morte de Plínio Salgado, foi abalado muito profundamente com o suicídio daquele que introduziu o integralismo no século XXI. Entre o falecimento do grande chefe e a morte de uma liderança emergente, os integralistas teriam que pensar: o que fazer? Como resolver os problemas e propor o integralismo para o século XXI?

4

O neointegralismo do século XXI: das redes sociais à violência política

Os neointegralistas rumo ao século XXI

O impacto da morte de Marcelo Mendez foi muito grande para o neointegralismo. Semanas após o suicídio, o *Informativo Cedi*, boletim do grupo, publicou uma edição especial dedicada inteiramente ao antigo líder. A edição trazia a manchete: "Morreu o fundador do Cedi!" Vários textos contavam a trajetória de Marcelo Mendez, especialmente sua tentativa de diálogo entre a AIB e a TFP. Nas fotografias que ilustravam a edição, Marcelo Mendez aparecia ao lado de diversas lideranças da extrema direita brasileira, como dom Luiz de Orléans e Bragança, chefe da Casa Imperial Brasileira, os irmãos Carvalho, da Casa Plínio Salgado, e alguns membros da TFP.

Em relação ao suicídio, o Boletim afirmava que o fundador do grupo estava com "os nervos em frangalhos" devido aos ataques de militantes que não aceitavam as ideias inovadoras de Marcelo, ideias estas que alavancariam a divulgação do integralismo. A partir de então, o Cedi deixou de ser uma organização ligada ao Centro de Cultura Plínio Salgado, de Arcy Lopes Estrella. O acervo do grupo passou à guarda da Casa de Plínio Salgado, em São Paulo, onde parte dos militantes do Cedi se articulava. A presidência do Cedi foi assumida por Marcelo Baptista da Silveira, um militante da mais nova geração.

Os reveses do neointegralismo não acabaram ali. Em janeiro de 2003, cerca de um ano após a morte de Marcelo, morreu também Arcy Lopes Estrella. Essa foi mais uma grande baixa para os neointegralistas. Em pouco mais de um ano, o movimento perdeu uma das novas lideranças e uma figura da velha guarda. Com isso, existia o risco de todo o esforço político deles ter sido em vão.

O material guardado por Arcy Estrella, reunido ao longo de uma vida inteira dedicada à causa integralista, foi alvo de disputa. De um lado, os militantes do Cedi inseridos na Casa Plínio Salgado; do outro, a família do líder e guardião da memória integralista. O acervo do Centro Cultural Plínio Salgado não era apenas um material integralista, mas também o registro da vida de Arcy Estrella. A sede do CCPS ficava no mesmo imóvel de sua residência. A disputa ocorria porque a família queria preservar o legado de dr. Arcy, mas os militantes queriam que o material tivesse o mesmo destino que havia sido dado ao legado de Marcelo Mendez.

Além do falecimento de líderes que faziam a ligação entre o integralismo em diversas fases, a ausência de Marcelo Mendez e de Arcy Estrella escancarou as disputas existentes no movimento. O saldo do neointegralismo, até então, era de divisão entre pequenos grupos e da variedade de interpretações sobre o pensamento integralista. Alguns grupos queriam promover o integralismo como grupos de conservação da memória, com círculos de discussão intelectual e campanhas em tons mais cívicos. Outros queriam desenvolver o neointegralismo como uma alternativa política mais intensa, inclusive com a possibilidade de formação de partidos políticos.

Além da discussão sobre as formas de organização, era nítido que alguns integralistas eram adeptos ao conservadorismo cristão de Plínio Salgado, enquanto outros tinham maior proximidade com o antissemitismo de Gustavo Barroso. Eles concordavam que eram integralistas, mas não havia unidade. Alguns grupos possuíam relações com correntes do monarquismo, enquanto outros tinham diálogos com *skinheads* e neonazistas. Havia ainda aqueles que acreditavam que o diálogo seria realizado com grupos ultraconservadores, como a TFP.

Nesse contexto de retorno à fragmentação, a Casa de Plínio Salgado passou a ter grande importância. Os integralistas voltaram à fase de diálogos entre eles e com outros grupos da extrema direita. Alguns núcleos integralistas foram fundados, muitos deles de atuação local, mas que forneciam a oportunidade para os militantes se organizarem e pensarem sobre o movimento. A partir dessas redes de relacionamento, que eram fortalecidas pela utilização da internet, os integralistas voltaram a buscar a articulação e a congregação entre eles, para formar um grupo unificado. Nesse contexto, resolveram organizar um evento para reunir a militância, discutir os planos para os próximos anos e fortalecer uma visão comum entre as diversas tendências do neointegralismo.

Os camisas-verdes enfim deixaram as diferenças de lado, inaugurando um ponto de união para a formação de um grupo forte. Nascia a proposta do I Congresso Integralista para o Século XXI, divulgada em meios físicos e virtuais.

O I Congresso do século XXI, a formação (e o fracasso) do MIB

O integralismo estava marcado para renascer no dia 4 de dezembro de 2004. O local escolhido foi a cidade de São Paulo, pela importância da Casa de Plínio Salgado naquele momento. Cartas e e-mails foram enviados para convidar os demais camisas-verdes a participar desse importante capítulo do neointegralismo. Alguns cartazes de divulgação, que eram colados nas ruas, mostravam a bandeira integralista, as informações do congresso e o chamado "pelo renascimento do nacionalismo brasileiro!".

O congresso foi realizado na sede da União Nacionalista Democrática (UND), localizada na zona leste de São Paulo, no bairro Belém. A UND é um grupo nacionalista, anticomunista, favorável à intervenção militar. Liderada pelo advogado Antônio José Ribas Paiva, o grupo se aproxima dos integralistas em algumas características, como a defesa de um Estado forte e autoritário: "Nossa entidade tem como fundamento o nacionalismo." A UND foi formada em 2003, reunindo militantes anticomunistas, ex-policiais do Departamento de Ordem Política e Social (Dops), a polícia política da ditadura civil-militar, e integrantes da União Democrática Ruralista, grupo que atua no combate ao Movimento dos Sem-Terra e das pautas da reforma agrária.

O congresso estava marcado para começar nas primeiras horas da manhã do sábado. Horas antes do início do evento, os primeiros participantes começaram a chegar. Vários deles, de idade avançada, caminhavam lentamente. Alguns vestiam o uniforme, como era o caso de Anésio Lara. A poucos passos da porta de entrada da sede da UND, era possível ver algumas palavras de ordem escritas nos muros: "Fora fascistas!" Antes que todos os participantes vissem aquela inscrição, Antônio Ribas providenciou, rapidamente, um latão de tinta branca e cobriu a frase.

Do lado de fora do local, grupos antifascistas se reuniam para protestar pacificamente. O grupo com nome Juventude Antifascista era formado, principalmente, por *punks* e anarquistas e carregava uma faixa com os dizeres "Fascismo nunca mais!" Enquanto os participantes do congresso chegavam na sede da UND, o grupo antifascista protestava, distribuindo panfletos. Uma das integrantes do grupo afirmava: "O integralismo é um movimento intolerante! Ele quer o extermínio de homossexuais, é contrário à liberdade de religião. Finge que tem um discurso democrático!"

Alguns integralistas tentaram rebater o protesto dos grupos antifascistas. Um deles, vestindo camisa verde, afirmava: "Mussolini, perto de Che Guevara, era um santo!" A Juventude Antifascista rebatia, cantando palavras de ordem: "Nazistas, fascistas! Não passarão!" A Polícia Militar foi chamada pelos integralistas, mas não houve confronto. Os integralistas voltaram à sede da UND e começaram o evento. Primeiro, cantaram o Hino Nacional, seguido do hino integralista. Dentro da sala, era possível ouvir os apitos dos militantes antifascistas, que tentavam abafar a reunião. Nesse momento, alguns policiais dialogaram com os antifascistas, que deixaram o local. "Mostramos o que pretendíamos. Fizemos o barulho necessário", disse um dos antifascistas. A partir disso, a reunião aconteceu sem qualquer ocorrência.

O evento, que durou um dia a mais do que o previsto, contou com um espaço especialmente decorado. Nas paredes, tal qual um núcleo integralista, havia uma bandeira do Brasil cruzada com uma bandeira integralista. Acima delas, uma imagem de Plínio Salgado. Ao lado da arrumação integralista, cartazes de outros grupos, como o MV-Brasil, com a defesa do uso de palavras em português contra termos em inglês, tais como "hot dog", "diet", "delivery" e "home page".

I Congresso Integralista para o Século XXI

Fonte: Movimento Integralista e Linearista Brasileiro.

O congresso teve ares de uma reunião. Havia cerca de duas a três dezenas de participantes, espalhados confortavelmente no amplo espaço do local. A mesa estava composta por José Baptista de Carvalho, presidente da Casa Plínio Salgado, e Marcelo Silveira, presidente do Cedi. Outros militantes foram se aproximando à medida que participavam das discussões. Representantes de outros grupos próximos aos integralistas, como membros da Associação de Diplomados da Escola Superior de Guerra (Adesg), da União Católica Democrática e do Prona, de Enéas Carneiro, também participaram do congresso.

O principal representante do Prona foi o deputado federal Elimar Máximo Damasceno, que estava acompanhado de seu assessor, Paulo Fernando Melo da Costa, advogado, integralista e militante de diversas organizações pró-vida — grupos conservadores radicalmente contrários ao aborto e ao feminismo.

Entre os presentes, alguns deles realizaram pronunciamentos. Marcelo Silveira leu o texto *Integralismo histórico e o integralismo do século XXI*, em que analisava as dificuldades para o integralismo no novo século. Para Silveira, um dos principais problemas do integralismo era a "pecha do fascismo", associação que não era problemática, no seu entendimento. No mesmo documento, Marcelo defendia argumentos negacionistas, ao falar sobre as "alegadas câmaras de gás" do Holocausto, e criticava uma suposta disseminação do pensamento de Antonio Gramsci nas escolas e universidades brasileiras, por meio de uma suposta estratégia obscura, chamada de "marxismo cultural".

Ao longo do congresso, diversos integralistas se manifestaram. Discutiram questões ligadas às formas de organização, às estratégias de atuação e a problemáticas do passado. Foi uma espécie de balanço do integralismo de 1975 até aquela data, buscando um novo capítulo para o neointegralismo. Após os debates, uma votação foi aberta, a fim de escolher o nome para a nova organização integralista e a formação de um Conselho Superior do grupo, que seria composto com 40 integrantes. Em Assembleia, o nome escolhido pelos presentes foi

Movimento Integralista Brasileiro (MIB), que tinha como propósito a união de diversos integralistas em uma única sigla. A escolha do nome foi festejada entre os presentes. A ata foi aprovada, e a oficialização do MIB era questão de tempo; no entanto, a proposta esbarrou em alguns entraves.

As primeiras dificuldades aconteceram em relação ao registro da sigla. Durante a década de 1980, Anésio Lara registrou diversas legendas, desde aquelas de orientação integralista — como a própria AIB — até outras relacionadas com outros movimentos da extrema direita brasileira, como a Liga Eleitoral Católica. Em 1987, quando da refundação da AIB sob a direção de Anésio Lara, a documentação trazia informações relacionadas com um grupo chamado Movimento Integralista Brasileiro, onde ele ocupava o cargo de secretário nacional de Comunicações e Relações Exteriores. Quando os neointegralistas definiram a fundação do MIB durante o congresso de 2004, não havia ficado clara, entre os presentes, a existência de uma organização com o mesmo nome. Curiosamente, Anésio Lara estava entre o público presente, mas não se manifestou sobre o assunto.

O congresso, que deveria servir para agregar e reunir os integralistas em uma só sigla, acabou tendo efeito contrário. Além da questão da sigla, o segundo fator de complicação foi ainda mais importante e coerente com as características centrais do neointegralismo, visto que, em 2004, persistiam as disputas de entendimento entre os integralistas. Com o fracasso do MIB, elas se intensificaram. Naquele momento, o neointegralismo se dividiu em três grupos, cada um propondo uma interpretação dos ideais do movimento, assim como uma proposta de organização. Nasciam a Ação Integralista Revolucionária (AIR), o Movimento Integralista e Linearista Brasileiro (MIL-B) e a Frente Integralista Brasileira (FIB).

O neointegralismo no século XXI

- **2001** — Falecimento de Marcelo Mendez
- **2004** — I Congresso Integralista para o Século XXI / Ação Integralista Revolucionária
- **2005** — Movimento Integralista e Linearista Brasileiro / Frente Integralista Brasileira
- **2017** — Associação Cívico Cultural Arcy Lopes Estrella
- **2018** — Comando de Insurgência Popular Nacionalista
- **2019** — Ataque ao Porta dos Fundos

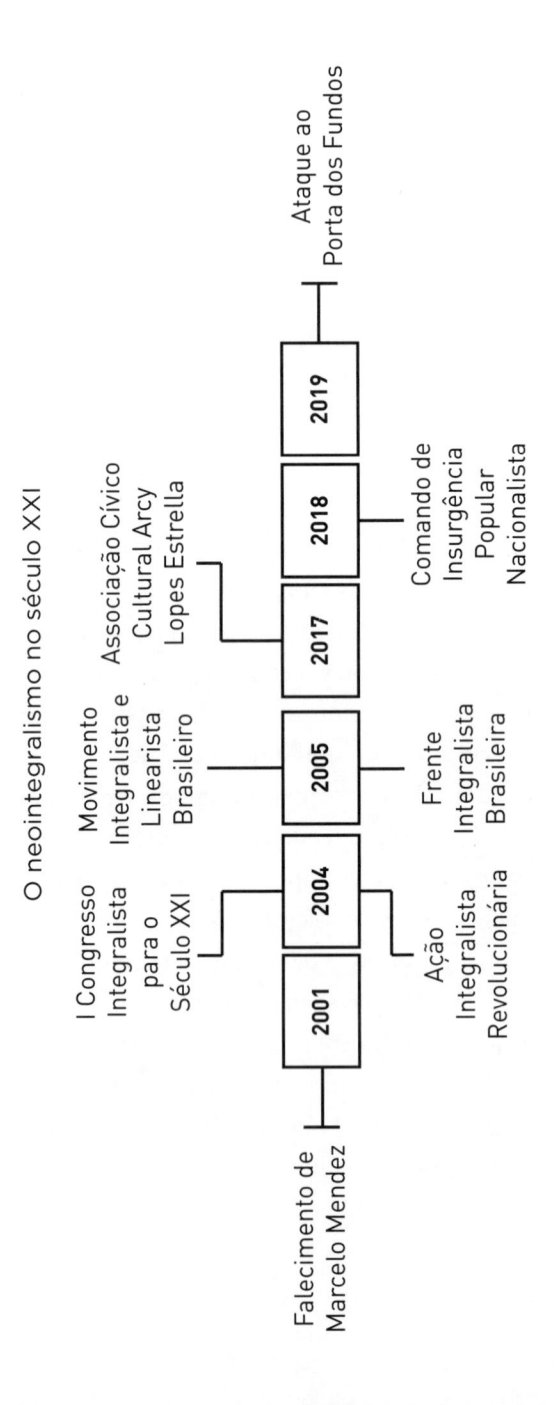

Ação Integralista Revolucionária: a *revolução* de um homem só

Entre as três organizações neointegralistas surgidas após o I Congresso do século XXI, a Ação Integralista Revolucionária era a menor delas. Foi fundada em 25 de dezembro de 2004 pelo jornalista e empresário Jenyberto Pizzotti e marcava presença especialmente nos meios virtuais. Por meio de um site hospedado em um provedor gratuito, o grupo difundia suas propostas e leituras sobre o integralismo. A breve trajetória da AIR se confunde à de seu líder e fundador. O contato de Jenyberto Pizzotti com o integralismo aconteceu no final da década de 1970, em Rio Claro, interior de São Paulo, onde morava. Embora seja uma cidade bastante pacata, é um local muito importante para os integralistas.

Em 22 de abril de 1934, Rio Claro foi considerada uma das primeiras cidades integralistas — um título destinado aos importantes municípios ou distritos da AIB. Em 1985, dez anos após a morte de Plínio Salgado, a viúva, Carmela Patti Salgado, doou o acervo pessoal do marido ao Arquivo Público e Histórico de Rio Claro, dando origem ao Fundo Plínio Salgado. No acervo, estão disponíveis mais de 60 mil documentos, que auxiliam a contar a história do integralismo até 1975. Por essa razão, a cidade é um local histórico para o movimento. É um ponto de peregrinação para os militantes, que podem ter contato com os materiais que Plínio Salgado selecionou para a posteridade. É em Rio Claro que Jenyberto Pizzotti se construiu como liderança neointegralista.

Em 24 de julho de 1977, com a presença de familiares e vários militantes, foi inaugurada a praça Plínio Salgado. Jenyberto, então com 25 anos, acompanhou seu pai na inauguração. Foi quando conheceu José Constante Barreto, antigo integrante das milícias integralistas de Gustavo Barroso nos anos 1930, que o apresentou a Jader Medeiros, que na época era editor de *Renovação Nacional* e articulador da Cruzada de Renovação Nacional.

Para Jenyberto, a relação que teve com José Barreto e Jader Medeiros foi muito importante, pois ele pôde aprender a história integralista nos livros e na prática, uma vez que ouvia relatos dos antigos militantes. Esse processo de formação se desenvolveu por uma década. Em 1988,

Jenyberto começou a dialogar com outros camisas-verdes, em especial do Rio de Janeiro. No entendimento de Jenyberto, essa formação, mediada por importantes figuras do neointegralismo, assegurava que ele deveria ser o líder do integralismo no século XXI, pois teria o aval da velha guarda — em especial de Jader Medeiros — e, mais importante, havia passado por um intenso processo de formação intelectual.

Após os estudos sobre a doutrina, Pizzotti dividia o pensamento integralista em duas partes: uma relacionada com doutrina e a outra com aspectos de organização do Estado. Na sua leitura, seus colegas de São Paulo, Rio de Janeiro e de outras localidades cometiam equívocos, visto que estudavam exclusivamente a dimensão doutrinária, ignorando as considerações dos intelectuais sobre o Estado Integral. Para ele, esse ponto era de extrema importância, uma vez que definia o que o integralismo deveria fazer e como os integralistas deveriam agir. Afirmava ser o maior conhecedor da doutrina integralista, o que, na sua interpretação, justificaria sua liderança para o movimento no novo século.

É com base nesse conhecimento que o líder da AIR propunha críticas às estratégias utilizadas pelos integralistas dos anos 1930. Na sua interpretação, a decisão dos integralistas em 1935 de modificar seu caráter revolucionário e transformar-se em partido político foi um equívoco estratégico que transformou a AIB em uma máquina política burguesa. Além disso, esse foi o principal motivo que definiu a extinção da Ação Integralista Brasileira, ao lado dos demais partidos políticos, em 1937.

Pizzotti criticava os caminhos do integralismo a partir de 1935, assim como a decisão de Plínio Salgado, e, por esse motivo, propunha um retorno às origens: o integralismo revolucionário. Em correspondência enviada a Arcy Lopes Estrella, afirmava: "O Movimento Integralista e a AIB devem, no meu entender, 'voltar às origens', pois que, revolucionárias." Ele não participou do congresso realizado em São Paulo e minimizava o evento, classificando-o como uma reunião. No site da AIR, afirmava alguns detalhes que simbolizariam sua liderança, entre elas, um relato no qual afirmava que Carmela Salgado havia "praticamente implorado para que providências fossem tomadas no sentido de anular as ações do companheiro dr. Anésio".

Capa *Anauê!* (1936)

Fonte: Acervo AIB/PRP-Delfos/PUCRS.

Cartaz PRP — Cartaz da eleição de 1955

Fonte: Acervo Público Histórico de Rio Claro — Fundo Plínio Salgado.

Cartaz da Ação Integralista Revolucionária

Fonte: Acervo pessoal.

No manifesto *Integralismo ontem e hoje*, o líder da AIR propunha a liberdade para estudar e interpretar o integralismo e criticava a tentativa de recriar a AIB: "Não nos prendemos a dogmas e ideias consideradas imutáveis. Acreditamos que a autocrítica é necessária para aperfeiçoarmos cada vez mais o pensamento Integralista." Jenyberto Pizzotti se anunciava como o grande líder neointegralista em busca de uma revolução dos camisas-verdes.

Os planos de criação de um grupo *revolucionário*, organizado em células e em torno de sua liderança fracassaram. Apesar de ser apresentado como o grande líder dos camisas-verdes, a AIR não conseguiu expandir presença além do município de Rio Claro. A atuação do grupo era, principalmente, virtual. Além do site, a AIR mantinha duas comunidades em rede social (Orkut), com os nomes *Integralismo Revolucionário* e *Democracia Social Orgânica*. O grupo tinha também uma lista de discussão via e-mail.

Mesmo com a utilização da internet, uma grande novidade no neointegralismo e um padrão a partir de 2001, Jenyberto Pizzotti não conseguiu fazer com que fosse reconhecido pelos militantes. Isso se deu porque, entre os integralistas, existe a crença de que as ideias da elite intelectual integralista não devem ser objetos de críticas. O pensamento integralista, especialmente da AIB, é uma doutrina, por isso não é válido apontar erros de Plínio Salgado, Gustavo Barroso ou Miguel Reale.

Em 2009, o provedor que hospedava o site da AIR encerrou o serviço. Entre milhares de páginas apagadas, havia aquela que simbolizava o desejo de Jenyberto em ser o novo líder integralista. Com isso, o sonho de uma revolução integralista, comandada por ele, fracassou por completo. Jenyberto continuou a desenvolver atividades políticas, mas não mais no integralismo. Em 2016, fracassou na tentativa de se candidatar a vereador pelo PSDB de Rio Claro. Após as eleições, pediu desfiliação do partido.

Movimento Integralista e Linearista Brasileiro

O segundo grupo surgido do congresso integralista realizado em 2004 foi o Movimento Integralista e Linearista Brasileiro (MIL-B), fundado no mesmo ano do evento. Assim como no caso da AIR, a história do MIL-B se confunde com a de seu principal líder e articulador, Cássio Guilherme Reis Silveira. Formado em física, chefe escoteiro, é agente aposentado da Polícia Federal. A trajetória de Cássio Guilherme no movimento integralista começou em 1991, na cidade mineira de Juiz de Fora, quando integrou o grupo Juventude Nacionalista. Cássio e alguns colegas estudavam o pensamento nacionalista de diversas tendências e tiveram contato com a literatura integralista, ocorrendo um rápido processo de transformação.

Em 1992, a Juventude Nacionalista se transformou em Núcleo Integralista de Juiz de Fora, momento em que o grupo começou a colaborar com as discussões, reuniões e encontros realizados pela Casa de Plínio Salgado. Cássio Guilherme se encontrava com os irmãos Carvalho e com demais membros do movimento integralista e logo passou a ser reconhecido como um autêntico camisa-verde.

O grupo de Juiz de Fora era formado pelo Cássio e por alguns colegas. Durante as reuniões, eles não discutiam apenas as ideais integralistas, mas também questões relacionadas com o universo das ciências exatas, como sistemas dinâmicos e mecânica quântica. A partir dessas duas linhas de estudos do grupo aparentemente inconciliáveis, surgiu a ideia de atualização do ideal integralista. A proposta do grupo era combinar o integralismo da AIB com as discussões e os desenvolvimentos científicos em debates, levados pelos integrantes, no início do século XXI.

A proposta dos membros do grupo, especialmente de Cássio Guilherme, era criar uma "sequência harmônica de explicação", na qual as ideias do campo científico, aliadas aos valores morais e intelectuais do integralismo, teriam capacidade de resolver problemas de vários tipos: sociais, econômicos, políticos e até espirituais. A isso, eles deram o nome de filosofia linear, ou linearismo. No entendimento deles, as ideias científicas — vindas da matemática, da física e de outras disciplinas — promoviam um despertar de consciência, de forma muito parecida ao processo de revolução espiritual defendido pela Ação Integralista Brasileira. A diferença básica entre o linearismo e o integralismo da primeira fase é justamente que o linearismo afirma ter princípios mais descritivos e atuais.

O linearismo pretendia atualizar o integralismo para o século XXI, pois, para os membros do grupo, integralismo e linearismo são mais que complementares, são a mesma coisa. No entanto, as ideias de atualização do ideal integralista não foram bem recebidas por grande parte dos camisas-verdes. Nos encontros que ocorriam na Casa de Plínio Salgado, assim como no congresso realizado em 2004, o tom majoritário dos participantes era que o integralismo é uma doutrina completa, perfeita, portanto, não precisa de atualizações de qualquer tipo.

O grupo de Cássio Guilherme era crítico das outras correntes do neointegralismo. Embora o grupo tenha aderido à proposta de formação do MIB, quando o grupo fracassou, eles criaram o próprio grupo, o MIL-B, com sede em Campinas, interior de São Paulo. Além do MIL-B, em 2006, o grupo de Cássio Guilherme articulou a formação da Sociedade de Estudos do Nacionalismo Espiritualista (Sene), um órgão destinado a promover estudos e debates sobre os problemas nacionais e espirituais. A Sene é um órgão mais amplo, formado por integralistas e linearistas, assim como por monarquistas, religiosos e nacionalistas de vários grupos.

O ato de fundação da Sene foi a realização de um pequeno congresso, que reuniu membros do MIL-B e de outros grupos, como o Círculo Monárquico de Campinas, a UND e alguns representantes da maçonaria. Isso demonstra como o MIL-B se inseriu no mesmo ambiente da fracassada formação do MIB.

Além da defesa de atualização da doutrina integralista, o MIL-B tem outra característica que o diferencia dos demais grupos nascidos no congresso de 2004: o intenso antissemitismo. O grupo é movido por uma forte rejeição a tudo que eles acreditam ser indício de presença judaica, mas eles tomam algumas precauções, como evitar se relacionar publicamente com grupos negacionistas do holocausto, provavelmente para não gerar conflitos, como os que ocorreram com Anésio Lara.

Apesar de o MIL-B considerar Plínio Salgado o maior brasileiro da história, a intensidade do antissemitismo o aproxima, sobretudo, da tendência integralista de Gustavo Barroso, que é cotidianamente citado e exaltado nos textos do grupo. Essa aproximação é nítida em textos como *Integralismo linear e a questão judaica*, em que Cássio Guilherme utiliza as teorias de conspiração características de Gustavo Barroso: "Os judeus são os maiores capitalistas do mundo, donos das maiores fortunas do planeta Terra e ao mesmo tempo são os criadores do comunismo."

Ainda assim, o MIL-B sugere algumas modificações sobre os escritos antissemitas de Gustavo Barroso. Ao contrário do que propunha o intelectual da AIB, os membros do MIL-B interagem e se aproximam de tendências da maçonaria, principalmente no estado de São Paulo, local de maior atuação do grupo. Essa estratégia contraria a leitura de Gustavo Barroso nos anos 1930, quando ele afirmava que a maçonaria era um braço e uma expressão do complô judaico de dominação mundial e, por essa razão, ela deveria ser combatida.

Ao contrário do discurso de Barroso, para o MIL-B a maçonaria não é uma organização judaica, e sim uma organização que vez ou outra é absorvida por indivíduos de interesses judaicos. Dessa forma, o MIL-B não tem qualquer objeção quanto à relação com grupos maçons, ou mesmo à filiação de maçons ao grupo. Essa aproximação é inclusive elogiada. Essa proximidade com Gustavo Barroso é exclusivamente em torno do antissemitismo e do anticomunismo, o que fica evidente inclusive nas simbologias do grupo. O MIL-B tem sua mascote, o galo Tupã, que surgiu para desconstruir e esvaziar o apelido de galinha verde.

Galo Tupã, símbolo do MIL-B

Fonte: Movimento Integralista e Linearista Brasileiro.

Na leitura do MIL-B, o galo Tupã é um galo de briga, feroz e masculinizado. Nas reproduções nos sites e em demais meios de imprensa do grupo — como o informativo *O Integralista Linear* —, Tupã veste uma camiseta verde com o *Sigma* no peito. Em suas patas, impede a atuação de um parasita comunista-liberal, de duas cabeças, que está corroendo um mapa do Brasil.

A charge é marcada pela proposta antissemita do grupo. Nos livros integralistas de Gustavo Barroso, os judeus eram os culpados pelos dois principais inimigos do integralismo: o comunismo e o capitalismo. O livro *Brasil, colônia de banqueiros*, uma de suas principais obras integralistas, iniciava com a seguinte frase de León Poncins, padre antissemita francês: "Trotski e Rotschild marcam a amplitude das oscilações do espírito judaico; estes dois extremos abrangem toda a sociedade, toda a civilização do século XX."

Uma das cabeças do parasita aprisionado pelo galo Tupã mostra a imagem de Leon Trótsky, líder comunista. Na outra cabeça, há a imagem de um capitalista, com traços que remetem às formas como os judeus eram retratados em peças de propagandas antissemitas, inclusive nazistas. Essa associação defende a ideia de que tanto o capitalismo como o comunismo são obras de um só mal ou inimigo, o judaísmo internacional.

Em relação às estratégias de divulgação do grupo e do ideal integralista, o MIL-B marca presença em meios virtuais, mas também nas ruas, em manifestações mais amplas da direita brasileira. Na internet, a atuação do grupo se iniciou com a publicação dos sites do MIL-B e da Sene, mas o grupo nunca se destacou pela utilização das redes sociais.

Atualmente, apenas o site do MIL-B continua ativo, onde são publicados textos de opinião de Cássio Guilherme, fotos de encontros do grupo, reuniões com outros grupos da extrema direita e da participação dos membros em protestos e manifestações. O MIL-B é alvo de muitas críticas de outros grupos e militantes neointegralistas, isso devido ao fato de propor atualizações à doutrina integralista, assim como por defender uma visão que privilegia a tendência antissemita dos camisas-verdes.

A característica antissemita é um problema para o neointegralismo, pois remete aos traumas surgidos da atuação de Anésio Lara e da aproximação com grupos neonazistas. Por esse motivo, não é raro observar alguns neointegralistas acusando o MIL-B de pseudointegralismo, o que demonstra as disputas políticas entre esses grupos.

Diante desse contexto, entre a via revolucionária da AIR e o antissemitismo atualizado do MIL-B, alguns militantes foram buscar uma forma mais conservadora para o integralismo do século XXI, a Frente Integralista Brasileira.

Frente Integralista Brasileira

A Frente Integralista Brasileira (FIB) é o maior, mais organizado e ativo entre os três grupos neointegralistas surgidos após o congresso de 2004. Atualmente, o presidente do grupo é Moisés Lima, que se apresenta como filósofo. A FIB foi fundada no dia 22 de janeiro de 2005, com sede em São Paulo, e se apresenta como um grupo voltado a resgatar a herança cultural, cívica, política e ideológica da Ação Integralista Brasileira.

Símbolo da Frente Integralista Brasileira

Fonte: Frente Integralista Brasileira.

Embora não seja possível precisar a quantidade de filiados, os indícios sugerem em torno de 100 a 200 membros, em sua maioria homens. Afirmam ser os únicos e legítimos herdeiros da Ação Integralista Brasileira, por isso apresentam uma versão particular da história do integralismo, com início em 1932 até a fundação da FIB. Segundo a versão do grupo, o surgimento da FIB ocorre como um caminho natural das atividades do Cedi, que trouxe o movimento para as novidades tecnológicas do século XXI.

Na versão apresentada pelo grupo, a FIB foi criada durante o I Congresso Integralista para o Século XXI, mas não como resultado do fracasso do MIB: "Em dezembro de 2004, realiza-se um Congresso Nacional Integralista, onde é fundada a Frente Integralista Brasileira, que é na atualidade a única organização do Integralismo a nível nacional." A forma como a FIB descreve sua história deixa claras as disputas no neointegralismo, pois o grupo não reconhece a existência da AIR e do MIL-B. No momento de fundação, a FIB definiu que seu presidente seria Marcelo Baptista da Silveira, então presidente do Cedi (substituto de Marcelo Mendez). Essa foi uma forma encontrada para manter a reunião de grande parte dos integralistas, que circulavam entre o Cedi, a Casa de Plínio Salgado e o Centro Cultural Plínio Salgado.

Enquanto o grupo de Jenyberto Pizzotti queria um integralismo revolucionário e o grupo de Cássio Guilherme buscava um integralismo atualizado, a FIB defende uma visão conservadora do movimento. Por esse motivo, a base ideológica reivindicada pela FIB é o Manifesto Integralista de 1932, assim como as decisões tomadas por Plínio Salgado dali em diante. Para os integrantes do grupo, qualquer crítica ou questionamento à doutrina integralista é uma atitude anti-integralista. Caso haja qualquer necessidade de atualização de alguns pontos e aspectos do pensamento de Plínio Salgado ou de outros intelectuais camisas-verdes, a resposta está na própria doutrina integralista.

Após a fundação do grupo, Marcelo Silveira exerceu a presidência da FIB por duas gestões, de 2004 até 2009, quando a FIB realizou o III Congresso Nacional do grupo. Com nome Fórum 2009, o objetivo do evento era definir os rumos do movimento e fazer contraposição ao Fórum Social Mundial, importante reunião de movimentos sociais de esquerda que foi realizado no mesmo ano em Porto Alegre.

O evento integralista, com menos de uma centena de participantes, foi presidido por Marcelo Silveira, acompanhado por Victor Emanuel Vilela Barbuy, advogado paulista, então secretário nacional de doutrina e estudos. Durante o evento, Victor Barbuy foi eleito e empossado presidente da FIB. Após a posse do novo presidente, alguns integralistas, trajando paletó e gravatas, mas não camisas verdes, caminharam com destino à praça XV, no centro do Rio de Janeiro. Lá, Victor Barbuy se posicionou dois degraus acima de dois militantes, que seguravam uma bandeira integralista com a constelação do Cruzeiro do Sul, símbolo dos plinianos e bandeira oficial do grupo.

O presidente da FIB passou à leitura do *Manifesto da Guanabara*, documento que tem como propósito ser o grande manifesto da FIB, da mesma maneira que a AIB teve o *Manifesto de outubro*. No documento, a FIB reafirmava a obediência aos valores integralistas e propunha algumas ideias para a implantação da doutrina no Brasil.

Defende o direito à vida, desde a concepção até a morte natural, e o direito à liberdade, mas com a seguinte condição: "desde que usada para o bem." Afirma que a família é uma instituição natural e divina, caracterizada pelo matrimônio entre pessoas de sexo distintos. Em termos políticos, defende o projeto de democracia orgânica, contra os partidos, afirmando que o integralismo "não é um sistema de governo, e sim um regime, podendo ser implantado tanto numa Monarquia quanto numa República".

Em 2009, a FIB divulgou outro texto, com o título *Manifesto de 13 de maio*, em referência à data de assinatura da Lei Áurea, com vistas a demarcar a posição da FIB em contrariedade ao racismo e ao antissemitismo. Essa questão, no entanto, não era tão simples de ser resolvida. Quando a FIB busca fazer o elogio sem críticas ao integralismo da AIB, isso significa o resgate dos textos e pronunciamentos de Plínio Salgado, Miguel Reale e Gustavo Barroso.

O elogio ao integralismo de Gustavo Barroso é uma operação problemática, que dispensa cuidado do grupo, pois são textos marcados, ao mesmo tempo, por características antissemitas e integralistas. Uma das estratégias escolhidas pelo grupo é a de silenciar as expressões antissemitas das obras de Gustavo Barroso. Textos originais, que traziam termos como "banqueiros judeus", são divulgados pela FIB sem a menção a judeus e termos similares. Assim, o teor antissemita não fica evidente, embora sua estrutura continue intacta.

Embora a FIB não proponha nenhuma atualização doutrinária, novas estratégias são necessárias, visando à manutenção da ideologia viva e à disputa de espaço com outros grupos da extrema direita brasileira, inclusive neointegralistas. Durante os primeiros anos de existência, a FIB fez uso de diversos meios digitais para a disseminação do integralismo. Além do site oficial do grupo, havia o site da seção fluminense — Integralismo Rio —, o Integralismo no Sul e o site do veículo de imprensa do grupo, a Nova Offensiva.

A Nova Offensiva funciona como um órgão de divulgação do ideal integralista, assim como um canal de disseminação de notícias relacionadas com a FIB. Com o passar dos anos, o site passou por reformulações e inserção de novas linguagens de mídia. Na atualidade, o grupo produz um *podcast* com o título *A voz do Sigma*. Além disso, publica reedições das obras doutrinárias dos anos 1930 e de livros em defesa da atualidade do integralismo, como *Plínio Salgado, hoje: uma nova geração passa a limpo o chefe integralista*, lançado em 2019.

O uso das redes sociais é uma característica que diferencia a FIB em relação ao MIL-B e à AIR, que não fazem uso intensivo desses canais. Redes sociais como Orkut, Facebook e Twitter, além de vídeo no YouTube, são ambientes virtuais utilizados de modo contínuo pela FIB para dois propósitos: a disseminação dos ideais e a busca por novos militantes.

Um dos responsáveis pelas redes sociais do grupo é o secretário de doutrina e estudos da FIB, Sérgio de Vasconcellos, um comerciante de livros usados e militante de grupos neointegralistas desde os anos 1980. Uma das iniciativas utilizadas foi a criação da Ação dos Blogs Integralistas, que tinha como propósito difundir as ideias integralistas em mais de 50 blogs. Eram blogs pequenos, muitas vezes criados e alimentados pelo próprio Vasconcellos, mas que buscavam criar a ideia da existência de uma autêntica *blogosfera* integralista.

Embora o uso das mídias digitais pela FIB não seja controlado por profissionais, sua utilização demonstra que a internet é um dos mais importantes veículos de disseminação da ideologia e do grupo. Isso envolve também a militância, que se engaja na criação de perfis em redes sociais e tenta intensificar a presença integralista nas discussões do dia a dia e sobre o movimento. Apesar disso, a FIB não é um grupo atuante exclusivamente na internet, como foi o caso da AIR. As aparições públicas são frequentes, seja em momentos de divulgação da doutrina ou em momentos de agitação política.

Nos momentos iniciais do grupo, havia a proposta de criação das Brigadas Integralistas, que seriam uma espécie de milícia da FIB. As brigadas usavam camisetas verdes, com o símbolo do grupo, e uma harpia estilizada, usada anteriormente por outro grupo neointegralista, a Frente Pátria Unida (Santos-SP). A bandeira das brigadas era bastante parecida com a bandeira de guerra da Alemanha nazista, utilizada durante a Segunda Guerra Mundial.

Bandeira das Brigadas Integralistas

Fonte: Acervo pessoal.

O grupo era marcado por um discurso mais radical, próximo do integralismo de Gustavo Barroso, que era inclusive o patrono das brigadas. Em 2007, lançaram uma edição de *Brasil, colônia de banqueiros*, com texto de introdução de Marcelo Silveira, então presidente da FIB. Por terem um perfil mais próximo às tendências *skinheads*, neonazista e com inclinação antissemita, não prosperaram e as Brigadas Integralistas foram extintas.

A FIB tem relações com diversos grupos conservadores e nacionalistas da extrema direita brasileira. Um dos principais responsáveis por essas relações é o advogado Paulo Fernando Melo da Costa, chefe da Associação Nacional Pró-Vida e Pró-Família, filiado à FIB e secretário nacional de assuntos jurídicos do grupo. Há ainda uma Secretaria Nacional de Expansão e uma Secretaria de Relações Internacionais. A presença da FIB é particularmente forte nos estados do Rio de Janeiro e de São Paulo, que são locais de intensa movimentação neointegralista desde 1975, além de a FIB ter relações profundas com a Casa de Plínio Salgado. Há alguns núcleos estáveis da FIB no Ceará, Distrito Federal, em Minas Gerais e no Paraná, com algumas dezenas de membros.

Em 2007, a FIB realizou parcerias com o Centro Cultural Arcy Lopes Estrella, para a digitalização de documentos integralistas de diversas épocas doados pela Academia Brasileira de Letras. Embora fossem, em teoria, organizações diferentes, a sede das duas entidades ocupava o mesmo endereço. Em 2009, a FIB inaugurou o Instituto Plínio Salgado, uma plataforma de educação a distância destinada a formar novos militantes.

Embora não seja o único grupo neointegralista, a FIB é a principal organização em atividade. Ela tem uma estrutura mais organizada, um maior número de militantes e, como resultado disso, maior aceitação entre os neointegralistas e outros grupos da direita brasileira, inclusive os partidos políticos.

O neointegralismo e o Prona

A relação dos grupos neointegralistas do século XXI com os partidos políticos é um ponto de discórdia, assim como foi desde 1975. Nenhum dos grupos tem planos concretos de formação de um partido político. Isso é resultado da experiência histórica recente, mas também de decisões de fundo ideológico.

A AIR negava qualquer possibilidade de relação com partidos devido à causa *revolucionária*. O MIL-B defende o fim de todos os partidos, tratados como farsas e impregnados de interesses obscuros. Já a FIB não nega a possibilidade de criação de um partido integralista, mas não vê essa possibilidade em um futuro próximo. A FIB se aproxima constantemente de algumas legendas ou de políticos de diversos partidos. No início dos anos 2000, a FIB se relacionou de maneira mais intensa com o Prona, de Enéas Carneiro.

Essa cooperação está relacionada com os primórdios da FIB, seja a Cedi ou o congresso de 2004. Alguns neointegralistas, como Marcelo Mendez, eram elogiosos ao líder do Prona, por ser este um candidato de perfil conservador e nacionalista. Fundado em 1989, o partido era conhecido popularmente pelas barbas de Enéas e pelo seu bordão "Meu nome é Enéas!". Para diversos grupos de extrema direita, o que chamava a atenção eram os valores defendidos. A defesa da ordem, da hierarquia e da autoridade eram fatores que aproximavam esses grupos ao Prona. Um deles eram os integralistas.

Durante as eleições presidenciais em que Enéas participou — 1989, 1994 e 1998 —, os integralistas não se engajaram de forma organizada na campanha de Enéas, mas ocorreram algumas candidaturas individuais. Em 1998 e 2002, o jornalista Dario Di Martino, neointegralista de Porto Alegre, foi candidato a deputado estadual pelo Prona do Rio Grande do Sul.

No Canal 6 da Net/Sul, PoaTV, Dario Di Martino apresentava um programa de televisão em Porto Alegre com o título *Doa a Quem Doer*. Com o lema "a verdade acima de tudo", atacava a esquerda e as lideranças políticas, como a deputada federal do Partido dos Trabalhadores Maria do Rosário, e defendia a ditadura civil-militar. Em sua propaganda eleitoral, Di Martino aparecia vestindo uma camisa verde e defendia os direitos dos "cidadãos de bem": "Direitos humanos para você e sua família. Fale comigo pelo Orkut, na internet. Quero Deus, pátria e família." Uma de suas propostas era a proibição de grupos comunistas no Brasil, embora não definisse quais seriam esses grupos.

Em 2002, Enéas Carneiro foi eleito deputado federal por São Paulo, com cerca de 1,5 milhão de votos. Ao bater recordes históricos para o cargo, a eleição de Enéas garantiu, ao Prona, a eleição de outros quatro deputados. Um destes era Elimar Damasceno, que, embora não fosse vinculado a uma organização integralista em 2002, era muito próximo aos camisas-verdes. Inclusive seu assessor, Paulo Fernando da Costa, era membro ativo da Frente Integralista Brasileira.

A relação da FIB com o Prona foi quase imediata, pois, ao contrário dos outros grupos integralistas, enxergou nesse meio um espaço para articulação e divulgação de seus ideais. Elimar Damasceno passou a ser um grande entusiasta e divulgador da doutrina integralista. Os projetos de lei de Elimar Damasceno eram marcados pelo forte conservadorismo. Entre as dezenas de planos apresentados, é possível mencionar a tentativa de proibição do beijo público entre casais homossexuais e as proposições contra o aborto e o feminismo. Em outro projeto de lei, escrito em parceria com o então deputado Jair Bolsonaro (Partido Progressista), Damasceno propunha a homenagem a Mário Kozel Filho, militar morto durante a ditadura em ação praticada pelo grupo guerrilheiro Vanguarda Popular Revolucionária (VPR).

Ao utilizar o espaço para pronunciamentos, Elimar Damasceno fazia rotineiras homenagens aos intelectuais integralistas. Em 2002, homenageou Gustavo Barroso; em 2003, foi a vez de Miguel Reale e de Plínio Salgado. Ao agraciar outros personagens vinculados de alguma maneira ao integralismo, como Gerardo Mello Mourão e Cassiano Ricardo, Elimar Damasceno deixava explícita a questão integralista. Esses aspectos eram muito importantes para os membros da FIB. Todas as homenagens prestadas a integralistas eram comemoradas nos sites e meios de imprensa do grupo. Logo, o apoio do grupo ao Prona aumentou, assim como a tentativa de demarcar um espaço integralista no partido.

Em 2006, Paulo Fernando Melo da Costa se candidatou a deputado estadual pelo Prona de São Paulo. Nos santinhos de sua campanha, trazia o símbolo integralista, o que lhe rendeu intenso apoio dos militantes da FIB. Além de secretário jurídico da FIB, Paulo Fernando era presidente do Núcleo da FIB no Distrito Federal. Sua campanha foi fortemente baseada na sua trajetória como militante integralista e de outras organizações conservadoras, contrárias ao aborto e às esquerdas de modo geral.

Apesar das esperanças depositadas pelos militantes, Paulo Fernando não foi eleito, e a relação da FIB com o Prona logo se enfraqueceu. Em 2006, o partido se fundiu ao Partido Liberal (PL), dando origem ao Partido da República (PR). Foi uma estratégia encontrada por Enéas Carneiro para evitar que o Prona fosse extinto devido às novas restrições de leis eleitorais impostas aos partidos nanicos. Além disso, Enéas Carneiro estava doente, em estágio avançado de leucemia, doença que tirou a sua vida em 2007.

Material de campanha eleitoral de Paulo Fernando da Costa

Fonte: Acervo AIB/PRP-Delfos/PUCRS.

O período em que o Prona se estruturou e se desenvolveu foi justamente durante certo vazio institucional integralista. Durante os anos 1990 e início dos anos 2000, o neointegralismo esteve mais envolvido nas tentativas de articulação interna e de construção de locais para conservação da memória. Ademais, pesa o fato de que os neointegralistas nunca chegaram a um consenso quanto à participação em partidos políticos. Na verdade, os neointegralistas normalmente dançam a valsa da política nacional. Em momentos de agitação política e de ondas conservadoras, os camisas-verdes enxergam possibilidades e tentam obter ganhos políticos.

As manifestações e a queda de Dilma Rousseff

Após o fim do Prona, a FIB e o MIL-B voltaram a atuar de modo mais intenso nos meios virtuais e, vez ou outra, em agitações públicas. A estabilidade política e econômica no país, assim como os ciclos de governos presidenciais do PT, não auxiliou a formação de uma rede mais estruturada da extrema direita brasileira.

As aparições dos integralistas eram eventuais, normalmente em datas históricas ou em alguns protestos de tom conservador. Em São Paulo, membros da FIB participavam anualmente de solenidades como a comemoração do 9 de julho, data da Revolução Constitucionalista Paulista. Em eventos do tipo, os integralistas dividiam espaço com grupos *skinheads*, intervencionistas e outras células de pequenos grupos nacionalistas. Nesse período, os grupos da extrema direita, inclusive neointegralistas, estavam pouco ativos. Apenas durante alguns eventos era possível notar a presença de jovens e adultos trajando camisetas verdes e levando consigo a bandeira integralista.

Em 2008, membros do Núcleo Integralista do Rio de Janeiro, filiado à FIB, participaram da Marcha contra a maconha. Um dos militantes disse: "Somos a favor da moral e dos bons costumes. As drogas são má influência, elas destroem a família, que é a base da sociedade." Em Fortaleza, a seção estadual da FIB foi uma das organizações que conseguiu barrar a realização da Marcha da maconha. A FIB de Pernambuco entrou com pedido de cancelamento do ato, mas não teve sucesso.

Em 2009, o ministro da Justiça do governo federal, Tarso Genro, concedeu asilo ao italiano Cesare Battisti, que havia sido condenado à prisão perpétua pela justiça italiana devido ao envolvimento em homicídios causados por atentados políticos de grupos da extrema esquerda. Alguns membros da FIB e do grupo União Nacionalista organizaram um protesto no vão livre do Museu de Arte de São Paulo (Masp). Nas faixas que eles carregavam, afirmavam: "Fora Battisti! Já temos terrorista no governo!"

Em 2010, os protestos com participação de integralistas, na maioria membros da FIB, aconteceram em contrariedade ao Plano Nacional de Direitos Humanos (PNDH-3), que era acusado de ser um plano do governo em defesa do aborto, da prostituição e contra a família tradicional. No dia 7 de fevereiro, no Masp, alguns neointegralistas de camisetas verdes dividiram espaços com jovens de outros grupos, alguns deles vestindo camisetas com os dizeres "Olavo tem razão!", em homenagem ao polemista Olavo de Carvalho. No dia 20 de março, alguns integrantes da FIB participaram do 4º Ato Público em Defesa da Vida, um evento maior com a participação de milhares de pessoas.

Em agosto de 2010, o boletim da FIB-RJ *Bandeira do Sigma*, editado pelo então secretário de relações públicas dos núcleos integralistas do estado do Rio de Janeiro, Guilherme Jorge Figueira, lançava uma campanha contra a candidatura presidencial de Dilma Rousseff, do PT: "A campanha promovida pela seção estadual fluminense Frente Integralista Brasileira intitulada 'Fora Dilma' foi um sucesso, foram distribuídos gratuitamente 1.000 adesivos, em duas versões distintas, para todo o Brasil."

Após o fim do mandato presidencial de Lula, algumas porções das direitas retornaram à agitação. Durante o processo eleitoral, a campanha contra Dilma Rousseff era baseada em questões moralistas e conservadoras, especialmente sobre o aborto e a união civil homossexual. Impactava também o fato de Dilma ser a virtual primeira mulher eleita presidente do Brasil. Os neointegralistas, em especial a FIB, se engajaram na campanha. No segundo turno da eleição presidencial, a FIB orientou o voto contrário a Dilma Rousseff, ou seja, no seu adversário, José Serra, do PSDB.

Entre as razões apresentadas para os membros do grupo estavam o apoio de Dilma ao PNDH-3, assim como outras que eram próprias do discurso anticomunista, como a teoria da conspiração sobre o Foro de São Paulo, entidade multipartidária de partidos de esquerda da América Latina e do Caribe. Com o início do mandato de Dilma Rousseff, as movimentações cresceram. Em janeiro de 2011, a FIB divulgou o documento *Fora Battisti*. No texto, em que o grupo se apresentava como um movimento "patriótico, nacionalista e verdadeiramente democrático", a FIB exigia "em nome de Deus, da pátria e da família, a extradição de Cesare Battisti".

No mês de abril, grupos neonazistas convocaram uma manifestação em apoio ao então deputado Jair Messias Bolsonaro. O ato tinha como propósito defender a liberdade de expressão de Bolsonaro, que era descrito como "o único Deputado que bate de frente com esses libertinos e comunistas". O ato foi realizado no vão do Masp e foi marcado pela tensão entre os defensores de Bolsonaro e antifascistas. De um lado, havia vários pequenos grupos neonazistas e da extrema direita que usavam camisetas com frases em defesa da ditadura, com emblemas dos Carecas do Subúrbio, com símbolos nazistas e, inclusive, com o rosto de Plínio Salgado. Embora a FIB e o MIL-B não estivessem presentes no evento, a presença neointegralista era garantida por *skinheads*. Um dos organizadores do ato era Eduardo Thomaz, líder do grupo neofascista Ultra Defesa, grupo original de Marinque, cidade do interior de São Paulo: "A gente tá dando apoio para o deputado Jair Bolsonaro, porque ele é um deputado que representa a família brasileira e nós temos o direito de apoiar ele."

O Ultra Defesa era um dos grupos que mantinham relações com a FIB. Uma matéria publicada no boletim *Ação!* de janeiro/fevereiro de 2012 mostra a participação de membros do grupo no IV Congresso Nacional da FIB, que havia sido realizado em outubro de 2011. Em 2012, Eduardo Thomaz foi candidato a vereador em Marinque pelo Partido Progressista (PP), mesmo partido de Bolsonaro, ocasião em que foi um dos candidatos apoiados pela FIB, pois mereceria o "sufrágio integralista". Ainda em 2012, no mês de abril, a FIB se engajou na campanha contra o Projeto de Lei Complementar nº 122, de 2006. Proposto pela deputada Iara Bernardi (PT), o projeto previa a criminalização da discriminação ou preconceito de gênero, sexo, orientação sexual e identidade de gênero. No entendimento dos integralistas e de vários grupos conservadores, a penalização da homofobia seria uma restrição à liberdade de expressão, especialmente de grupos religiosos.

Os grupos integralistas aproveitavam as oportunidades que apareciam. Nesses momentos, eles divulgavam os ideais, criavam relações com outros grupos e mostravam que eram uma das organizações para os conservadores e nacionalistas que se relacionavam com eles. Durante 2013, os diversos protestos que aconteceram nas ruas do Brasil foram marcados pela diversidade e disputa ideológica. Inicialmente, as pautas relacionadas com o aumento das passagens nas grandes cidades passaram a ter abordagens conservadoras e nacionalistas. Em pouco tempo, militantes de partidos de esquerda e de movimentos sociais começaram a ser perseguidos e agredidos, e uma nova direita começou a dar as caras.

Nesse momento, os integralistas se animaram ainda mais. Era uma janela de oportunidades. A FIB publicou um texto intitulado *Um fantasma ronda o Brasil*, em clara referência e ironia ao trecho que abre o *Manifesto do Partido Comunista*, de Karl Marx e Friedrich Engels. O texto é o sinal da animação com os eventos de 2013:

> [...] podemos dizer que um fantasma ronda o Brasil — o fantasma do Integralismo [...]. Destarte, sustentamos que os partidos não nos representam, assim como não representam a Nação brasileira, e que jamais colaboraremos "com nenhuma organização partidária que vise dividir os brasileiros", repetindo, pois, com o Perpétuo Chefe da Revolução Integralista, "a frase do legendário Osório, quando escrevia dos campos do Paraguai, dizendo que não reconhecia partidos porque eles dividiam a Nação e esta deve estar coesa, na hora do perigo". Felizes e honrados em saber que o fantasma do Integralismo é capaz de assustar tanto as coortes dos inimigos de Deus, da Pátria e da Família, saímos às ruas, ademais, conscientes de que "somos a Revolução em marcha" [...].

Em Curitiba, a chamada onda conservadora agitou diversos setores da extrema direita. Em dezembro de 2013, foi noticiada a proposta de fundação de um grupo neofascista, o Frente Nacionalista, que seria posteriormente transformado em partido político. No site do grupo, as referências ideológicas eram nítidas: o fascismo italiano e o integralismo.

A imagem de Plínio Salgado dividia espaço com Benito Mussolini, na tentativa de organização de um grupo que fosse, ao mesmo tempo, neointegralista e neofascista. O evento de fundação seria um festival com bandas *skinheads*, chamado *Dezembrada*, e que reunia grupos que homenageavam Gustavo Barroso e utilizavam o *Sigma* como emblema. Além da vinculação integralista, a Frente Nacionalista tinha relações com os Carecas do Subúrbio e com o Partido Renovador Trabalhista Brasileiro (PRTB), de Levy Fidelix.

Devido à apologia ao fascismo e às relações com grupos de ódio, assim como ao conteúdo antissemita de alguns textos publicados no site e nas redes sociais do grupo, o Ministério Público do Paraná proibiu o evento. Nesse momento, o contexto de radicalização política no Brasil estava muito alto. Entre 2015 e 2016, ocorreram diversos atos da extrema direita, em especial a favor do *impeachment* de Dilma Rousseff. Além das marchas pelo *impeachment*, as bandeiras conservadoras estavam na ordem do dia.

Na capital de São Paulo, as manifestações pedindo a queda de Dilma Rousseff reuniam milhões de manifestantes. Entre eles, era possível observar a movimentação de diversos grupos de extrema direita convivendo pacificamente e criando diálogo e interação. Nesses momentos, integralistas de diversas vertentes participaram de forma pacífica dos atos. Membros do MIL-B, da FIB e alguns Carecas foram vistos caminhando ao lado de grupos a favor da ditadura militar, de artistas de televisão e de policiais militares.

Em abril de 2015, Cássio Guilherme foi um dos oradores do carro de som da União Nacionalista Democrática, organização próxima aos neointegralistas desde 2004. O carro carregava uma faixa com os dizeres *SOS militares* e pedia por um golpe militar. Com o microfone em mãos, defendeu o fim da divisão entre o Executivo, o Legislativo e o Judiciário. Além disso, xingou Montesquieu, filósofo francês idealizador da divisão dos três poderes. Por fim, levantou uma bandeira integralista.

No dia 29 de junho de 2015, o líder do MIL-B voltou aos noticiários. Na Câmara de Vereadores de Campinas, estava em discussão um projeto de lei que vetava a inclusão das discussões sobre gênero e sexualidade nas escolas da cidade. Houve uma confusão entre grupos contrários e favoráveis à proposta. Cássio Guilherme, que levava consigo bandeiras com símbolos integralistas e do MIL-B, foi acusado de agredir uma professora que protestava em defesa da liberdade de cátedra e ensino. A professora, filiada ao Partido Socialismo e Liberdade (PSOL), fez um boletim de ocorrência contra o líder do MIL-B, que afirmou: "Ela tentou arrancar a nossa bandeira, além de cuspir e tentar dar chutes na gente. Nós também fomos à delegacia e registramos boletim de ocorrência contra ela e contra o PSOL."

Protesto do MIL-B contra a "ideologia de gênero"

Fonte: Movimento Integralista e Linearista Brasileiro.

Após a queda de Dilma Rousseff, os grupos neointegralistas permaneceram ainda mais ativos. Afinal de contas, os meses de agitação e radicalização política no Brasil trouxeram um novo espaço para contatos entre os grupos e militantes da extrema direita. Durante anos, desde a transição democrática, eles estavam silenciosos e desarticulados, apenas esperando o momento ideal para atuar com força. Em 2017, ocorreu o surgimento de um novo grupo neointegralista, muito ativo e bastante radical, a Associação Cívico Cultural Arcy Lopes Estrella (Accale).

Os neointegralistas e a escalada autoritária: da Accale ao PRTB

A Accale, que se apresenta como "nem destros nem sinistros" (nem direita nem esquerda), se define como uma associação que tem por finalidade a divulgação do pensamento nacionalista, por meio de palestras, seminários, mesas-redondas e cursos de formação. O grupo, que não tem estrutura rígida, com líderes definidos, tem como patrono Arcy Lopes Estrella, o dr. Arcy. As bandeiras da Accale são o nacionalismo, o anticomunismo, o antiliberalismo, a contrariedade ao progressismo e à usura, assim como a defesa de uma revolução interior, muito similar à proposta integralista.

Ao contrário de outras entidades como a FIB e o MIL-B, a Accale não é um grupo destinado a fazer ressurgir o integralismo no século XXI. O grupo pretende, com base na experiência do integralismo, assim como de outras expressões do nacionalismo brasileiro e internacional, propor ideias, novos líderes e relações com outros grupos da extrema direita brasileira. Ainda assim, os líderes integralistas são as figuras de destaque no grupo. Não apenas Plínio Salgado, Gustavo Barroso e Miguel Reale, mas outras gerações de integralistas, como Arcy Estrella e Gumercindo Rocha Dórea, são homenageadas pelo grupo, que atua nas redes sociais, principalmente no Facebook e Instagram, e promove encontros no Rio de Janeiro e em Niterói.

Além das homenagens aos líderes do integralismo e do neointegralismo, as publicações nas redes sociais da Accale homenageiam diversos intelectuais e líderes da extrema direita. De Alberto Torres, figura de destaque do nacionalismo brasileiro, a Marine Le Pen, líder do *Rassemblement National* (antiga *Front National*), até Enéas Carneiro. O líder do Prona é, inclusive, uma das figuras de maior destaque ao lado de Plínio Salgado. São produzidos e divulgados vídeos que mostram a relação de ambos para o nacionalismo brasileiro e para o grupo.

Embora não seja uma organização voltada exclusivamente ao integralismo, as relações com o movimento são fartas, de maneira que é possível enquadrar a Accale dentro do fenômeno do neointegralismo. Além de uma questão relacionada com as ideias, a Accale promove pequenos eventos em que os líderes dos camisas-verdes são homenageados. Nesses eventos, é comum a presença de camisas-verdes e líderes do neointegralismo, em especial de membros da Frente Integralista Brasileira.

A Accale organizou seu primeiro evento em novembro de 2017, no centro de Niterói. A data escolhida não foi mera coincidência, mas, sim, uma estratégia para conciliar a fundação da Accale com a data histórica da fundação da AIB, em uma solenidade em comemoração aos 85 anos do *Manifesto de outubro* da AIB. Nessa ocasião, compareceram alguns militantes de São Paulo e do Rio de Janeiro. Victor Barbuy, representando a FIB e a Casa de Plínio Salgado, da qual é atual vice-presidente, apresentou uma palestra sobre o pensamento integralista. O público discutiu alguns temas sobre o integralismo e a atualidade, como o Estado Integral e a participação das mulheres no movimento. Além disso, foram abordadas as similaridades entre o nacionalismo de Enéas Carneiro e do movimento integralista, um ponto particularmente importante para a Accale.

No dia 16 de dezembro de 2017, a Accale estreitou os laços com os integralistas e outras figuras de destaque da extrema direita brasileira. Nesse dia, a Câmara de Vereadores de Niterói concedeu moção de aplauso a Gumercindo Rocha Dórea e à editora GRD, de sua propriedade. Proposta por Guilherme Jorge Figueira, que foi presidente da FIB fluminense nos anos 2000, a homenagem foi concedida por Carlos Jordy (PSL), o quarto candidato mais votado para deputado federal pelo Rio de Janeiro nas eleições de 2018, que, na ocasião da homenagem, era vereador de Niterói:

> A minha homenagem à GRD não foi exclusivamente por conta dos livros sobre Integralismo. Mas, embora eu não seja integralista, esse movimento teve importância muito grande para o nosso país enquanto vigorou. Vivíamos sob ameaça do comunismo, que vilipendiava os valores morais,

de família e religião. Era uma proposta genuinamente brasileira que aceitava toda a diversidade do nosso povo, que lutava pela conservação dos valores de Deus, pátria e família.

Por estar com idade avançada, 93 anos, Gumercindo Dórea não pôde comparecer, mas ele foi representado por Breno Zarranz, ativista desde a juventude, membro de destaque da Acalle e figura ativa do grupo Politicamente Incorreto. Com atuação em Niterói e em outras cidades do estado do Rio de Janeiro, elegeu como inimigo o "marxismo cultural" e tem uma relação próxima com Carlos Jordy.

A moção de aplauso, 00757/2017, não mencionava a relação da editora GRD com as obras integralistas e o pensamento de Plínio Salgado, provavelmente por motivos estratégicos. A homenagem deu exclusividade às produções do universo de ficção científica, do qual a editora GRD é introdutora no Brasil. Após esse momento, Breno Zarranz comemorou o evento e apareceu em fotos ao lado de vários homenageados, entre os quais Carlos Jordy, do então deputado estadual Flávio Bolsonaro e de Rodrigo Amorim, o recordista de votos no Rio de Janeiro nas eleições de 2018 para deputado estadual e conhecido nacionalmente após quebrar uma placa em homenagem à vereadora Marielle Franco (PSOL), assassinada em 2018.

Em 25 de janeiro de 2018, a Accale noticiou um evento em comemoração ao aniversário de Plínio Salgado e ao patrono do grupo, Arcy Lopes Estrella, que foi coordenado por Eduardo Fauzi, então presidente da FIB-RJ, filiado ao PSL e uma das figuras de liderança da Accale. Fauzi esteve acompanhado de Breno Zarranz, que tratou com os presentes sobre os objetivos do grupo.

Sérgio de Vasconcellos, da FIB, fez um pronunciamento com o título *Roma — 1930: o histórico encontro entre Plínio Salgado e Benito Mussolini*. Vestindo uma camisa polo de cor verde, com o *Sigma* bordado no bolso da camisa, procedeu à leitura de um texto de sua autoria, em que lembrava a importância do encontro entre os líderes do fascismo italiano e do integralismo.

Victor Barbuy, então presidente da FIB, apresentou a palestra *O municipalismo na obra de Plínio Salgado*, analisando uma característica importante do pensamento de Plínio Salgado em toda a sua trajetória política. O evento contou ainda com a participação de Wagner Vasconcelos, líder do MV-Brasil, que tratou sobre a dívida pública brasileira.

Durante 2018, o cenário político nacional ficou bastante agitado. Com a prisão de Lula e a proibição da candidatura do ex-presidente, o jogo eleitoral ficou em aberto. No campo da extrema direita, a candidatura de Jair Bolsonaro (PSL) ganhou destaque. É relevante observar que esse crescimento não foi algo repentino, pois foi construído após uma longa experiência política nos canais de imprensa, a despeito de uma tímida e quase nula atuação na Câmara dos Deputados.

Bolsonaro despontava como líder do sentimento antipetista que havia se desenvolvido, com força, desde as marchas de 2013 e no processo de deposição de Dilma Rousseff. Não tardou a ser reconhecido como o candidato das novas direitas. No início da campanha eleitoral, a FIB publicou um texto em que, parafraseando, mais uma vez, o trecho de abertura do Manifesto comunista de 1848, denunciava um perigo ao Brasil.: "Um sério e grave perigo ronda a nossa amada Terra de Santa Cruz." O discurso e o imaginário anticomunistas seriam utilizados novamente contra os partidos de esquerda, em especial o PT.

Nesse momento inicial, os grupos neointegralistas não se engajaram na campanha de Jair Bolsonaro (PSL) e de seu vice, General Hamilton Mourão (PRTB), mas algumas relações ficaram nítidas em questão de tempo. O PRTB, como visto, se relacionava com alguns grupos neofascistas, como a Frente Nacionalista. No dia 22 de setembro de 2018, a FIB divulgou um vídeo em que Victor Barbuy aparecia ao lado de Rodrigo Tavares, candidato ao governo de São Paulo pelo PRTB, em coligação com o PSL. No vídeo, gravado na sede do partido, o presidente da FIB indica o voto em Tavares e em Levy Fidelix, candidato a deputado federal: "Todos estamos unidos em defesa de Deus, da pátria e da família." Ao fim do vídeo, Rodrigo Tavares fez a defesa do lema integralista e, juntamente com Victor Barbuy, fizeram a saudação integralista: "Anauê!"

Em outros momentos, Victor Barbuy apareceu ao lado de Levy Fidelix. O líder do PRTB segurava um exemplar do livro *O pensamento revolucionário de Plínio Salgado*, antologia organizada pela antiga militante integralista Augusta Garcia Rocha Dórea — esposa de Gumercindo Rocha Dórea. Dessa forma, afirma a existência de algumas similaridades de suas propostas com o pensamento integralista, principalmente ao dizer: "Deus, pátria e família, é o que queremos para todos os brasileiros."

Essa aproximação entre a FIB e o PRTB foi intensa. Logo, os dois principais candidatos do PRTB paulista incorporaram o lema integralista nas suas campanhas, da inserção em horário eleitoral gratuito aos santinhos distribuídos nas ruas. Além da sinalização de voto ao PRTB em São Paulo, a FIB indicou outros candidatos. No Distrito Federal, a indicação foi no destacado membro Paulo Fernando Melo da Costa, vinculado ao Patriota.

O segundo turno: bolsonarismo e violência política

Durante o segundo turno, o clima de radicalização das direitas tornou-se ainda maior. Os eventos de campanha de Jair Bolsonaro eram atos em que era possível ver algumas bandeiras comuns a diversos movimentos antidemocráticos: crítica ao STF, aos partidos políticos e pedidos de retorno à ditadura, além de elogios a torturadores.

Os integralistas voltaram a participar das marchas, em especial daquelas realizadas na cidade de São Paulo. No ato realizado em 21 de outubro, Victor Barbuy foi um dos oradores entre os diversos carros de som estacionados na avenida Paulista. Após se apresentar e mencionar a FIB, Barbuy disse que rejeitava qualquer hipótese de vinculação do pensamento integralista com o fascismo italiano e o nazismo. Ao afirmar apoio ao candidato Jair Bolsonaro, declarou:

> No próximo dia 28, nossa escolha não será entre Bolsonaro e Haddad, mas, sim, entre o Brasil e o antibrasil [...] é nosso dever votar no candi-

dato que menos distante se encontra dos valores cristãos e brasileiros consubstanciados no lema "Deus, pátria e família". Sejamos a onda verde e amarela que destruirá a onda vermelha lulopetista! A nossa bandeira é verde e nela jamais brilhará nenhuma estrela vermelha!

A posição institucional, tanto da FIB quanto da Accale, foi idêntica. A FIB transmitiu uma nota em que mencionava o grupo parceiro: "Daí fazermos nossas as seguintes palavras da página da Accale no Facebook: não nos resta outra alternativa senão o voto contra o Haddad e o PT."

As semanas que antecederam ao segundo turno foram bastante agitadas. Milhões de manifestantes, de diversas tendências políticas, se uniram aos protestos organizados por mulheres contra as falas preconceituosas de Jair Bolsonaro. No evento *Ele não!*, a crítica à misoginia e à LGBTfobia uniu pessoas que votaram em diversos candidatos no primeiro turno. Alguns desses manifestantes utilizavam faixas e cartazes antifascistas, justamente pelas semelhanças entre Bolsonaro e figuras históricas do fascismo dos anos 1930.

Em diversas universidades, públicas e privadas, estudantes e funcionários instalaram faixas antifascistas, que podiam ser vistas das ruas dos centros urbanos, como era o caso da Universidade Federal do Estado do Rio de Janeiro (Unirio). No entanto, em 30 de novembro, um roubo às faixas deu publicidade a mais um grupo neointegralista: o Comando de Insurgência Popular Nacionalista (CIPN).

O CIPN surgiu pela primeira vez em um vídeo divulgado no YouTube, gravado em tons amadores, quando onze homens, que se apresentavam como integralistas e vinculados a uma "família integralista brasileira", roubavam e queimavam três faixas antifascistas afixadas na Unirio. No vídeo, os integrantes vestiam camisetas pretas com uma pequena bandeira do Brasil ao lado esquerdo do peito. Os rostos não eram mostrados, pois eles vestiam capuzes e, ao fundo, havia duas bandeiras, uma integralista com o *Sigma* e a bandeira nacional.

Comando da Insurgência Nacionalista, da Família Integralista Brasileira

Fonte: Reprodução/internet.

Os membros do CIPN leram um texto, que chamavam de ato de "ação revolucionária", visando combater os "homossexuais militantes, ateus materialistas e escravos do banqueirismo internacional". Ao fim do vídeo, eles faziam a saudação fascista e queimavam as faixas antifascistas. O ato marcou o processo de radicalização do meio neointegralista ao segundo turno das eleições presidenciais. Em momentos em que o candidato favorito falava em "metralhar petralhas", atacava a imprensa e propunha a prisão política para os adversários, os grupos neofascistas viam suas atitudes como legítimas.

Do governo Bolsonaro ao ataque à produtora Porta dos Fundos

Com a posse de Jair Bolsonaro, surgiu um novo capítulo para a extrema direita brasileira: agora ela está no poder. Uma das figuras políticas recentes mais próximas ao fascismo histórico foi eleita à Presidência, e os grupos neofascistas disputam influência, espaço político e cobertura midiática.

Alguns traços unem o governo Bolsonaro e o fascismo histórico: o conservadorismo, o anticomunismo, o uso das teorias de conspirações e a visão de mundo baseada na diferenciação entre amigos e inimigos. Por essas razões, por mais que os neofascistas se julguem representados, eles procuram ampliar a presença das suas bandeiras no governo brasileiro. Os neointegralistas não fariam diferente disso.

Por um lado, alguns integralistas buscam espaço formal no governo. Foi o caso de Paulo Fernando Melo da Costa (Patriota e FIB), que em fevereiro de 2019 se inseriu no Ministério da Mulher, Família e Direitos Humanos, sob direão de Damares Alves. Paulo Fernando ocupou o cargo de secretário-adjunto de Promoção e Defesa dos Direitos da Pessoa Idosa.

Além do caminho formal, outros setores neointegralistas continuam a atuar nas ruas, como uma estratégia para manter o integralismo ativo e presente no cotidiano da extrema direita brasileira. No dia 7 de setembro de 2019, a FIB e a Accale se reuniram no Rio de Janeiro, na praça Mauá, para um ato público em defesa da Amazônia brasileira e em ataques ao governo francês. Com xingamentos ao presidente francês Emmanuel Macron, os neointegralistas partilham do discurso do governo Bolsonaro, para quem qualquer interesse na Amazônia brasileira é uma ofensa à soberania nacional.

Cerca de 50 militantes vestindo camisetas pretas com a bandeira do Brasil ao lado esquerdo do peito levavam consigo bandeiras do integralismo, da Accale, do Brasil República e do Império do Brasil. Um dos integrantes, com uma tocha e com o rosto encoberto pela bandeira nacional, gritava: "Fogo e ação contra o demônio bolchevique." Logo após, ateou fogo em uma bandeira da extinta União Soviética, que depois foi jogada ao chão. Ao fundo, os demais integrantes do ato acendem sinalizadores nas cores nacionais.

O Estadão escreveu uma matéria no dia 15 de dezembro de 2019 com o título "Integralistas estão de volta e resgatam camisas verdes", em que relata uma manifestação ocorrida na manhã do dia 9 de novembro, sábado, no centro de São Paulo, quando ainda estava vazio e com as lojas fechadas. Segundo a reportagem, as poucas pessoas que estavam nas ruas puderam notar a chegada de cerca de 20 jovens, todos homens, vestindo o uniforme integralista. Enfileirados, eles cantaram o hino integralista, *Avante!* Com camisas verdes e calças pretas, levavam a bandeira integralista e a do Brasil. Nas redes sociais, a repercussão da ação foi imediata. O ato, organizado e divulgado pela Frente Integralista Brasileira, foi uma comemoração aos 87 anos do lançamento do *Manifesto de outubro*. Esse ato demonstra o quanto os integralistas seguem animados com o contexto político e com a possibilidade de rearticulação do Prona, como mostra a campanha organizada por Paulo Fernando Melo da Costa. Para a imprensa, a FIB declarou que pretende lançar candidatos em 2020, possivelmente pelo PRTB e pelo Patriota.

Dias após a publicação dessa reportagem, Ciro Gomes (PDT) mencionou a perplexidade sobre a rearticulação de grupos integralistas. Ao falar sobre o número reduzido dos militantes, disse: "Vocês podem rir, mas é assim que começa. É assim que começa." A resposta mais enfática veio do ex-policial militar do Rio de Janeiro, capitão Henry Ribeiro da Costa, que fez alguns vídeos e fotos nas redes sociais na página Accale. Em um vídeo endereçado a Ciro Gomes, o capitão Henry aparece com uma bandeira integralista ao fundo e afirma em tom intimidatório: "Na próxima reunião dos integralistas, eu convido o senhor a aparecer!"

As atividades dos grupos neointegralistas continuaram como o habitual. Encontros, discussões, protestos e algumas movimentações em eventos de cunho conservador. No fim de 2019, porém, surgiu um novo evento, que mostrou como o neointegralismo é variado e tem uma face ainda mais radical.

A produtora de vídeo Porta dos Fundos, especializada em produzir comédias veiculadas na internet, lançou pela Netflix seu tradicional especial de Natal. Em 2019, o filme teve o título de *A primeira tentação de Cristo*, representando conflitos de diversos tipos em torno de um Jesus Cristo retratado como gay. A obra, de tom satírico, costuma relacionar questões do cotidiano ao universo bíblico. Tabus como homossexualidade, dogmas e consumo de álcool são tópicos tradicionais do especial. No entanto, o ambiente de radicalização trazida por um governo de extrema direita desencadeou mais um episódio de violência com contornos políticos.

Na noite do dia 24 de dezembro, véspera de Natal, enquanto a maioria das famílias se reunia para confraternizar em busca do diálogo após meses conturbados, um atentado atingiu a sede da Porta dos Fundos no bairro Humaitá, Zona Sul do Rio de Janeiro. Coquetéis molotov foram jogados no prédio, e uma tragédia de maior proporção não ocorreu graças ao vigilante que estava no local. Por pouco ele não foi vitimado pelas chamas da explosão e pelos estilhaços de vidro. Algumas horas depois do atentado, um vídeo foi divulgado nas redes sociais. Nele, três pessoas usavam capuzes nas cabeças e vestiam as camisas verdes com o *Sigma*. Ao fundo, uma bandeira integralista estava estendida. Sobre a mesa, havia uma bandeira do Brasil Império.

O grupo se anuncia como o mesmo que atacou a Unirio. Comando de Insurgência Popular Nacionalista, da Família Integralista Brasileira, e dá a sua justificativa para o atentado:

> O Porta dos Fundos resolveu fazer um ataque direto contra a fé do povo brasileiro se escondendo atrás do véu da liberdade de expressão. Esses malditos servos do grande capital blasfemaram contra o Espírito Santo quando chamaram nosso senhor Jesus Cristo de bastardo e Maria de prostituta de adúltera.

Após a divulgação do vídeo, as respostas dos grupos neointegralistas foram rápidas. A FIB, em nota, duvidava da veracidade do vídeo, falava sobre um "suposto ataque de integralistas" e afirmava que o uso de máscara seria contrário ao padrão do grupo. A Accale chamou de "estranho vídeo, de supostamente integralistas", mas considerou que o ato não foi uma surpresa, pois o grupo Porta dos Fundos "atacou de forma calculista os maiores e mais cultuados símbolos sagrados nacionais".

O impacto midiático foi instantâneo. O tom do ataque, o alvo, a data, assim como o vídeo divulgado lembravam a estética e a natureza de grupos terroristas pouco comuns no Brasil. Uma investigação policial teve início. No dia 31 de dezembro, uma semana após o atentado, a polícia chegou a um dos responsáveis pelo ataque. Era Eduardo Fauzi Richard Cerquise, liderança da Accale, descrito como "um participante ativo que já foi mestre de cerimônias em alguns dos nossos eventos, vide sua boa oratória e voluntariedade para esta função". Militava há uma década na FIB e era filiado ao PSL desde 2001.

Conhecido como o rei do mambo por colegas do zouk, dança caribenha, é formado em ciências econômicas pela UFRJ e ficou muto conhecido em 2013 quando agrediu o então secretário da Ordem Pública do Rio de Janeiro, Alex Costa, em transmissão ao vivo pela televisão. Era feita uma reportagem sobre estacionamentos irregulares no centro da cidade que acabavam de ser fechados em uma operação da Guarda Municipal. Mesmo preso pela agressão, declarou: "Foi a tapa mais bem dada que já pude dar na minha vida. Tenho certeza de que minha mão teve o peso de um milhão de pessoas que foram removidas irregularmente, tiveram suas mercadorias apreendidas."

A Polícia do Rio de Janeiro reconheceu Eduardo Fauzi em vídeos de câmeras de segurança, pois o camisa-verde pegou um táxi após o atentado. Foi procurado em quatro residências, mas ele não estava no Brasil. No dia 29 de dezembro, o neointegralista embarcou em um voo da Air France para a Rússia. "Achavam que fui muito estúpido pra não cobrir o rosto e não alterar a voz, mas fui conectado o suficiente pra ser avisado do mandado a tempo de viajar pra fora do país", afirmou, com o objetivo de ser um exilado político.

Nas quatro residências em que a polícia procurou o integralista, foram apreendidos simulacros de armas, facas e mais de 100 mil reais em dinheiro. No material apreendido e divulgado pela polícia, havia alguns livros relacionados com a extrema direita e o integralismo: *O integralismo revolucionário de Plínio Salgado*; *Em defesa do cristianismo, da pátria, da cultura e da família*, de Elimar Máximo Damasceno; *O imbecil coletivo*, de Olavo de Carvalho; e *Revolta contra o mundo moderno*, de Julius Evola. O título do livro de Julius Evola, pensador muito influente nos círculos neofascistas, é estampado em algumas camisetas da Accale.

Material apreendido de Eduardo Fauzi

Fonte: WikimediaCommons.

Expressando o lema do integralismo, "Deus, pátria e família", além de entoar o *Anauê!* em mensagens divulgadas por Fauzi na Rússia, utiliza um tom profético e conspiracionista, e não aparenta qualquer ressentimento. Afirma que o atentado foi um "ato de amor". Após as revelações do envolvimento de Eduardo Fauzi com o CIPN e o atentado ao Porta dos Fundos, a FIB divulgou um texto comunicando a expulsão de Eduardo Fauzi. Já a Accale adotou um tom mais contido, afirmando que ele não tinha papel de destaque na organização, pois ela não tem estrutura hierárquica definida.

De qualquer modo, aparentemente, o ato não impactou a relação entre alguns integralistas e o governo federal brasileiro. No dia 30 de dezembro de 2019, Paulo Fernando Melo da Costa, uma das principais figuras do neointegralismo na vida política, foi nomeado assessor especial do Ministério da Mulher, Família e Direitos Humanos, de Damares Alves. Em defesa de propostas conservadoras, como a abstinência sexual, Paulo Fernando continua ativo, e a defesa dos ideais integralistas segue presente no cotidiano do governo federal.

O neointegralismo é uma diversidade de grupos, indivíduos, coletividades e interesses. Alguns adotam posturas mais radicais, outros investem em formação política, procurando a criação de uma revolução interior. Entre todos esses neointegralistas existe a concordância com as ideias de Plínio Salgado e de outros intelectuais da Ação Integralista Brasileira, como Gustavo Barroso e Miguel Reale. O lema "Deus, pátria e família" permanece vivo e ainda mais atual. Outro sinal dessa atualidade pode ser notado até mesmo fora dos domínios integralistas.

No dia 13 de novembro de 2019, o partido Aliança pelo Brasil, projeto político da família Bolsonaro, lançava as suas redes sociais. A segunda mensagem publicada no Twitter era: "Nossa força é o Brasil! Aliança pelo Brasil. Deus, pátria, família."

Pichação no consulado chinês do Rio de Janeiro, onde é possível ler: "Vírus comunista. Fauzi herói!"

Fonte: Reprodução/internet.

O ideal integralista, nascido em um mundo de grandes transformações e conflitos, se apresenta em uma atualidade marcada pelo ressurgimento da intolerância. Mesmo em um contexto como o da pandemia de Covid-19, manifestações integralistas fazem elogios a Eduardo Fauzi e associam o vírus à ideologia comunista. Passado quase um século do *Manifesto de outubro*, a mensagem antidemocrática, de inspiração fascista e autoritária, se mostra, infelizmente, cada vez mais atual no Brasil.

Referências

ALMEIDA, Alexandre de. *Skinheads*: os mitos ordenadores do poder branco paulista. Dissertação (mestrado em ciências sociais) — Pontifícia Universidade Católica de São Paulo, São Paulo, 2014.

AMEAÇA fascista? O integralismo ontem e hoje. *Revista de História da Biblioteca Nacional*, a. 6, n. 61, 2010.

ARAÚJO, Ricardo Benzaquen de. *Totalitarismo e revolução*: o integralismo de Plínio Salgado. Rio de Janeiro: Jorge Zahar, 1988.

BARBOSA, Jefferson Rodrigues. *Chauvinismo e extrema direita*: crítica aos herdeiros do Sigma. São Paulo: Unesp, 2015.

BERTONHA, João Fábio. *Bibliografia orientativa sobre o integralismo*: 1932-2007. Jaboticabal: Funep, 2010.

_____. *Integralismo*. Problemas, perspectivas e questões historiográficas. Maringá, PR: EdUEM, 2014.

_____. *Plínio Salgado. Biografia política (1895-1975)*. São Paulo: Edusp, 2018.

_____. Salgado, Reale e Barroso. Políticos e intelectuais em circulação entre o Brasil, a Itália, a Alemanha, a França e Portugal. *Perseu: História, Memória e Política*, v. 12, p. 11-37, 2018.

BRANDALISE, Carla. Camisas-verdes: o integralismo no Sul do Rio Grande do Sul. *Acervo*, Rio de Janeiro, v. 10, n. 2, p. 17-32, 2011.

BULHÕES, Tatiana da Silva. *Integralismo em foco*: imagens e propaganda política. Rio de Janeiro: Imprensa Oficial do Estado do Rio de Janeiro, 2012.

CALDEIRA NETO, Odilon. Frente Nacionalista, neofascismo e "novas direitas" no Brasil. *Faces de Clio*, v. 2, n. 4, p. 20-36, 2016.

_____. Integralismo contemporâneo ou neointegralismo? Sobre a viabilidade e possibilidades de uma definição. In: BOHOSLAVSKY,

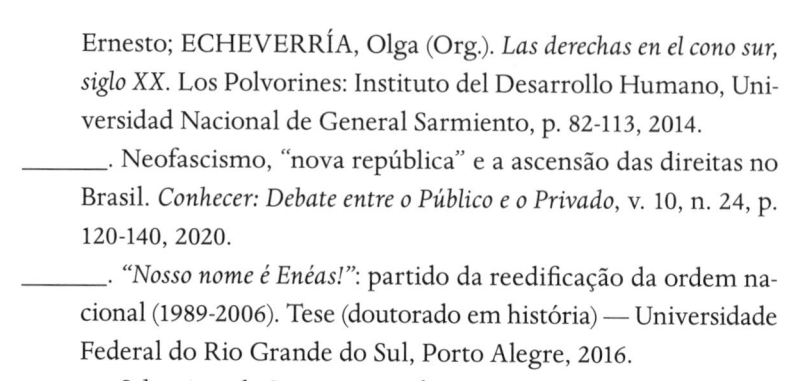

Ernesto; ECHEVERRÍA, Olga (Org.). *Las derechas en el cono sur, siglo XX*. Los Polvorines: Instituto del Desarrollo Humano, Universidad Nacional de General Sarmiento, p. 82-113, 2014.

_____. Neofascismo, "nova república" e a ascensão das direitas no Brasil. *Conhecer: Debate entre o Público e o Privado*, v. 10, n. 24, p. 120-140, 2020.

_____. *"Nosso nome é Enéas!"*: partido da reedificação da ordem nacional (1989-2006). Tese (doutorado em história) — Universidade Federal do Rio Grande do Sul, Porto Alegre, 2016.

_____. *Sob o signo do Sigma*: integralismo, neointegralismo e o antissemitismo. Maringá, PR: EdUEM, 2014.

CALIL, Gilberto Grassi. *Integralismo e hegemonia burguesa*: a intervenção do PRP na política brasileira (1945-1965). Cascavel, PR: Edunioeste, 2010.

_____. *O integralismo no pós-guerra*: a formação do PRP (1945-1950). Porto Alegre: Edipucrs, 2001.

_____. Os integralistas e o golpe militar de 1964. *Revista História & Luta de Classes*, Rio de Janeiro, v. 1, p. 55-76, 2005.

CAMPOS, Maria Teresa de Arruda; DOTTA, Renato Alencar (Org.). *Dos papéis de Plínio*: contribuições do Arquivo de Rio Claro para a historiografia brasileira. Rio Claro, SP: Oca, 2013.

CAMPOS, Reynaldo Pompeu de. *Repressão judicial no Estado Novo*: esquerda e direita no banco dos réus. Rio de Janeiro: Achiamé, 1982.

CARNEIRO, Márcia Regina da Silva Ramos. *Do Sigma ao Sigma* — entre a anta, a águia, o leão e o galo — a construção de memórias integralistas. Tese (doutorado em história) — Universidade Federal Fluminense, Niterói, 2007.

CARNEIRO, Maria Luiza Tucci. *O veneno da serpente*. São Paulo: Perspectiva, 2003.

CARVALHO, José Baptista (Ed.). *Plínio Salgado: in memoriam*. São Paulo: Voz do Oeste; Casa de Plínio Salgado, 1982-1986. 2 v.

CASTRO, Ricardo Figueiredo de. A Frente Única Antifascista (FUA) e o antifascismo no Brasil (1933-1934). *Topoi*, Rio de Janeiro, n. 5, p. 354-388, 2002.

CAVALARI, Rosa Maria Feitero. *Integralismo*: ideologia e organização de um partido de massa no Brasil (1932-1937). Bauru, SP: Edusc, 1999.

CHASIN, José. *O integralismo de Plínio Salgado*: forma de regressividade no capitalismo hipertardio. 2ª ed. Belo Horizonte: Una, 1999.

CHAUÍ, Marilena. Apontamentos para uma crítica da ação integralista brasileira. In: CHAUÍ, Marilena; FRANCO, Maria Sylvia Carvalho. *Ideologia e mobilização popular*. São Paulo: Paz e Terra, 1985.

CHRISTOFOLETTI, Rodrigo. *A celebração do jubileu de prata integralista (1957-1961)*. Dissertação (mestrado em história) — Universidade Estadual Paulista, Assis, 2002.

_____. A controvertida trajetória das Edições GRD — entre as publicações nacionalistas de direita e o pioneirismo da ficção científica no Brasil. *Miscelânea*, v. 8, p. 208-222, 2010.

_____. *A enciclopédia do integralismo*: lugar de memória e apropriação do passado (1957-1961). 2010. Tese (doutorado em história, política e bens culturais) — Fundação Getulio Vargas, Rio de Janeiro, 2010.

_____. Rapsódia verde: as comemorações do jubileu de prata integralista e a manutenção de seu passado/presente (1957-1958). *Revista Brasileira de História*, v. 31, n. 61, p. 145-165, 2011.

COSTA, Márcia Regina da. *Os Carecas do Subúrbio*: caminhos de um nomadismo moderno. São Paulo: Musa, 2000.

CRUZ, Natalia dos Reis. A ideologia do Sigma Hoje. Neo-integralismo, intolerância e memória. *História: Questões & Debates*, Curitiba, n. 46, p. 113-138, 2007.

CYTRYNOWICZ, Roney. *Integralismo e antissemitismo nos textos de Gustavo Barroso na década de 30*. Dissertação (mestrado em história) — Universidade de São Paulo, São Paulo, 1992.

DIETRICH, Ana Maria. *Nazismo tropical?* O Partido Nazista no Brasil. Tese (doutorado em história) — Universidade de São Paulo, São Paulo, 2007.

DOREA, Augusta Garcia Rocha. *Plínio Salgado, um apóstolo brasileiro em terras de Portugal e Espanha*. São Paulo: GRD, 1999.

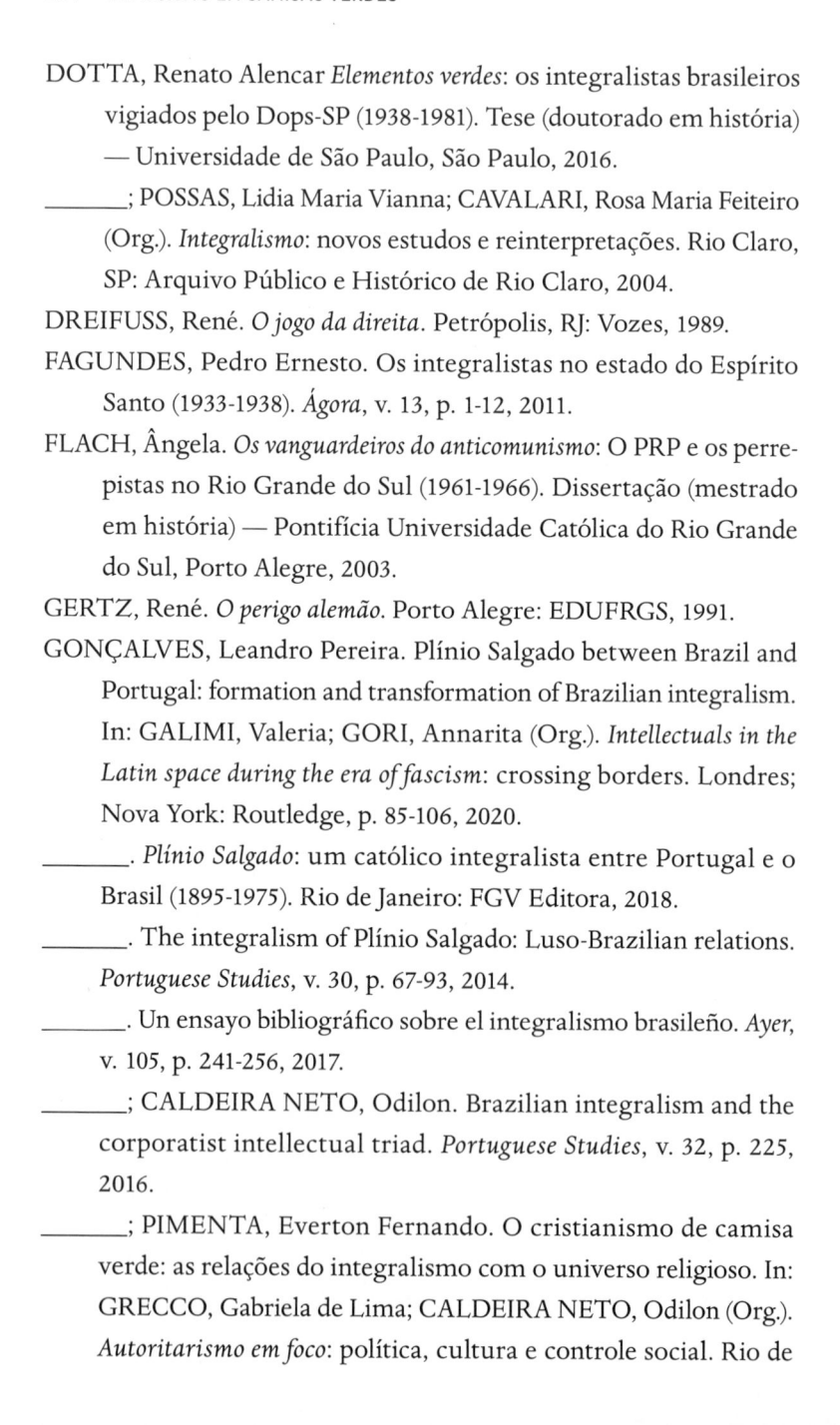

DOTTA, Renato Alencar. *Elementos verdes*: os integralistas brasileiros vigiados pelo Dops-SP (1938-1981). Tese (doutorado em história) — Universidade de São Paulo, São Paulo, 2016.

_____; POSSAS, Lidia Maria Vianna; CAVALARI, Rosa Maria Feiteiro (Org.). *Integralismo*: novos estudos e reinterpretações. Rio Claro, SP: Arquivo Público e Histórico de Rio Claro, 2004.

DREIFUSS, René. *O jogo da direita*. Petrópolis, RJ: Vozes, 1989.

FAGUNDES, Pedro Ernesto. Os integralistas no estado do Espírito Santo (1933-1938). *Ágora*, v. 13, p. 1-12, 2011.

FLACH, Ângela. *Os vanguardeiros do anticomunismo*: O PRP e os perrepistas no Rio Grande do Sul (1961-1966). Dissertação (mestrado em história) — Pontifícia Universidade Católica do Rio Grande do Sul, Porto Alegre, 2003.

GERTZ, René. *O perigo alemão*. Porto Alegre: EDUFRGS, 1991.

GONÇALVES, Leandro Pereira. Plínio Salgado between Brazil and Portugal: formation and transformation of Brazilian integralism. In: GALIMI, Valeria; GORI, Annarita (Org.). *Intellectuals in the Latin space during the era of fascism*: crossing borders. Londres; Nova York: Routledge, p. 85-106, 2020.

_____. *Plínio Salgado*: um católico integralista entre Portugal e o Brasil (1895-1975). Rio de Janeiro: FGV Editora, 2018.

_____. The integralism of Plínio Salgado: Luso-Brazilian relations. *Portuguese Studies*, v. 30, p. 67-93, 2014.

_____. Un ensayo bibliográfico sobre el integralismo brasileño. *Ayer*, v. 105, p. 241-256, 2017.

_____; CALDEIRA NETO, Odilon. Brazilian integralism and the corporatist intellectual triad. *Portuguese Studies*, v. 32, p. 225, 2016.

_____; PIMENTA, Everton Fernando. O cristianismo de camisa verde: as relações do integralismo com o universo religioso. In: GRECCO, Gabriela de Lima; CALDEIRA NETO, Odilon (Org.). *Autoritarismo em foco*: política, cultura e controle social. Rio de

Janeiro, Recife, Madri: Autografia; Editora Universidade de Pernambuco; Ediciones Autónoma de Madrid, p. 251-285, 2019.

_____; SIMÕES, Renata Duarte (Org.). *Entre tipos e recortes*: histórias da imprensa integralista. Rio de Janeiro: Autografia, 2019. v. 3.

_____; _____. *Entre tipos e recortes*: histórias da imprensa integralista. 2ª ed. Porto Alegre: EDIPUCRS, 2017; 2018. 2 v.

GRINBERG, Lúcia. *Partido político ou bode expiatório*: um estudo sobre a Aliança Renovadora Nacional (Arena), 1965-1979. Rio de Janeiro: Mauad, 2009.

JESUS, Carlos Gustavo Nóbrega de. *Antissemitismo e nacionalismo, negacionismo e memória*. São Paulo: EdUnesp, 2006.

LOUREIRO, Maria Amélia Salgado. *Plínio Salgado, meu pai*. São Paulo: GRD, 2001.

MAFFEI, Eduardo. *A batalha da Praça da Sé*. Rio de Janeiro: Philobiblion, 1984.

MAIO, Marcos Chor. *Nem Rotschild nem Trotsky*: o pensamento antissemita de Gustavo Barroso. Rio de Janeiro: Imago, 1992.

MILMAN, Luís; VIZENTINI, Paulo Fagundes (Org.). *Neonazismo, negacionismo e extremismo político*. Porto Alegre: UFRGS; Corag, 2000.

MIRANDA, Gustavo Felipe. *O poder mobilizador do nacionalismo*: integralistas no Estado Novo. 2008. Dissertação (mestrado em história) — Universidade do Estado do Rio de Janeiro, Rio de Janeiro, 2009.

MOTTA, Rodrigo Patto Sá. *Em guarda contra o perigo vermelho*: o anticomunismo no Brasil (1917-1964). São Paulo: Perspectiva; Fapesp, 2002.

NEHAB, Werner. *Antissemitismo, integralismo, neonazismo*. Rio de Janeiro: Livraria Freitas Bastos, 1988.

OLIVEIRA, Alexandre Luis. *Do integralismo ao udenismo*: a trajetória política de Raymundo Padilha. Dissertação (mestrado em história) — Universidade Federal de Juiz de Fora, Juiz de Fora, 2014.

OLIVEIRA, Laura de. *Guerra Fria e política editorial*: a trajetória da Edições GRD e a campanha anticomunista no Brasil (1956-1968). Maringá: Eduem, 2015.

OLIVEIRA, Rodrigo Santos de. *História da imprensa da Ação Integralista Brasileira*. São Paulo: LiberArs, 2019.

POSSAS, Lídia Maria Vianna. *O trágico três de outubro*: estudo histórico de um evento. Bauru, SP: Universidade do Sagrado Coração, 1993.

PREDEBON, Gabriel Soares. *A trajetória e as colunas cinematográficas de Ironides Rodrigues para* A Marcha *(1954-1962)*. Dissertação (mestrado em história) — Pontifícia Universidade Católica do Rio Grande do Sul, Porto Alegre, 2019.

RIBAS, Antonio de Lara. *O punhal nazista no coração do Brasil*. Florianópolis, Delegacia de Ordem Política e Social de Santa Catarina, 1944.

SANTORUM, Andrelise Gauterio. *Fascismo à brasileira*: juventude e imprensa como instrumentos de doutrinação da Ação Integralista Brasileira (1932-1937). Dissertação (mestrado em história) — Pontifícia Universidade Católica do Rio Grande do Sul, Porto Alegre, 2017.

SEITENFUS, Ricardo Antônio Silva. *O Brasil de Getulio Vargas e a formação dos blocos*: 1930-1942 — O processo de envolvimento brasileiros na II Guerra Mundial. São Paulo: Companhia Editora Nacional, 1985.

SILVA, Francisco Carlos Teixeira; MEDEIROS, Sabrina Evangelista; VIANNA, Alexander Martins (Org.). *Dicionário crítico do pensamento da direita*: ideias, instituições e personagens. Rio de Janeiro: Mauad, 2000.

SILVA, Giselda Brito (Org.). *Estudos do integralismo no Brasil*. 2ª ed. Porto Alegre: EDIPUCRS, 2016.

_____; GONÇALVES, Leandro Pereira; PARADA, Maurício (Org.). *Histórias da política autoritária*: integralismos, nacional-sindicalismo, nazismo e fascismos. 2ª ed. Porto Alegre: EDIPUCRS, 2016.

SILVA, Hélio. *1938*: terrorismo em campo verde. Rio de Janeiro: Civilização Brasileira, 1971.

STERNHELL, Zeev. *The birth of fascist ideology*: from cultural rebellion to political revolution. Nova Jersey: Princeton University Press, 1994.

TANAGINO, Pedro Ivo Dias. *A síntese integral*: a teoria do integralismo na obra de Miguel Reale (1932-1939). Tese (doutorado em história) — Universidade Federal de Juiz de Fora, Juiz de Fora, 2018.

TRINDADE, Hélgio. *A tentação fascista no Brasil*: imaginário de dirigentes e militantes integralistas. Porto Alegre: UFRGS, 2016.

_____. *Integralismo*: o fascismo brasileiro da década de 30. 2ª ed. Porto Alegre: Difel; UFRGS, 1979.

_____. O radicalismo militar em 64 e a nova tentação fascista. In: SOARES, Gláucio Ary Dillon; D'ARAÚJO, Maria Celina (Org.). *21 anos de regime militar*: balanços e perspectivas. Rio de Janeiro: Ed. da FGV, p. 123-142, 1994.

VASCONCELLOS, Gilberto Felisberto. *Ideologia curupira*: análise do discurso integralista. 2ª ed. Recife; Porto Alegre: Edupe; EDIPUCRS, 2017.

VIANNA, Marly de Almeida Gomes; SILVA, Érica Sarmiento; GONÇALVES, Leandro Pereira (Org.). *Presos políticos e perseguidos estrangeiros na Era Vargas*. Rio de Janeiro: Mauad, 2014.

VICTOR, Rogério Lustosa. *À direita da direita* — estudos sobre o extremismo político no Brasil. Goiânia: PUC-Goiás, 2011.

_____. *O integralismo nas águas do Lete*: história, memória e esquecimento. Goiânia: Ed. Universidade Católica de Goiás, 2005.

_____. *O labirinto integralista*: o conflito de memórias (1938-1962). Goiânia: Ifiteg; América, 2013.

VIEIRA, Maria do Pilar de Araújo. *Em busca do Sigma*: estudo sobre o pensamento político de Plínio Salgado às vésperas da fundação da AIB. Dissertação (mestrado em história) — Pontifícia Universidade Católica de São Paulo, São Paulo, 1978.

WIAZOVSKI, Taciana. *O mito do complô judaico-comunista no Brasil*: gênese, difusão e desdobramentos (1907-1954). São Paulo: Humanitas, 2008.

Este livro foi impresso nas oficinas gráficas da Editora Vozes Ltda.,
Rua Frei Luís, 100 – Petrópolis, RJ.